Bernhard Liss

Wege der Familienpastoral

Anregungen und Hilfen

seelsorge · echter

CIP-Kurztitelaufnahme der Deutschen Biliothek

Liss, Bernhard:
Wege der Familienpastoral: Anregungen und Hilfen/
Bernhard Liss. – Würzburg: Seelsorge Echter. – 1987
ISBN 3-429-01116-7

Mitglied der Verlagsgruppe »engagement«

Umschlag: Ernst Loew
Gesamtherstellung: Tagblatt-Druckerei KG. A. Wollenweber, Haßfurt
ISBN 3-429-01116-7

Inhalt

Zum Anliegen dieses Buches

Mit einer Gruppe von Ehepaaren habe ich über die Ehe als Sakrament gesprochen. Wir verzichteten dabei auf theologische Formulierungen und haben zunächst einmal ganz einfach darüber nachgedacht, warum überhaupt Sakramente notwendig sind.

Die Kommunion wurde als Beispiel näher betrachtet. Bald war klar, daß so ein Sakrament deshalb hilfreich ist, weil sich der Glaube auf Unsichtbares richtet. Und wir sind eben in einer sinnlich wahrnehmbaren Welt aufgewachsen. Das Essen des eucharistischen Brotes ist für den glaubenden Menschen eine Hilfe, die Verbindung mit Christus zu erleben.

Dann ging es weiter: Ehe als Zeichen für die Liebe Gottes! Hätte es nicht auch andere Möglichkeiten gegeben? Die Liebe einer Mutter zu ihrem Kind etwa? Die ist doch in der Gesellschaft total anerkannt. Oder die Liebe eines Menschen, der unheilbar Kranke pflegt? Heroisch! Aber nein. Die Tradition der katholischen Kirche sagt, daß die Verbindung von Mann und Frau, diese durch und durch erotisch gefärbte Beziehung, das geeignete Zeichen ist, um die leidenschaftliche Liebe Gottes zu uns Menschen auszudrücken.

Ob der Reichtum, der in dieser frohen Botschaft liegt, von den katholischen Christen auch entsprechend geschätzt wird? Jedenfalls erscheint es sinnvoll, von dieser Grundlage aus in möglichst vielen Menschen das Bewußtsein zu stärken, welche Kostbarkeit ihre Ehe bedeutet und was davon ausgehend Familie aus der Sicht des Glaubens sein kann. Die Kirche hat Wertvolles für das Leben zu sagen, auch wenn in der Vergangenheit oft kleinliche Verbote den Blick auf die großen Orientierungen verstellt haben.

Die theoretische Überzeugung, daß der Einsatz für Ehe

und Familie wichtig ist, gibt es schon. Die Bereitschaft, selber dabei mitzutun, ist allerdings verhältnismäßig gering. Viele sind unsicher oder empfinden die Fehlerhaftigkeit ihrer eigenen Familiensituation so stark, daß sie gern anderen den Vortritt lassen.
Dieses Buch will jene Christen ermutigen, die gern etwas für die Ehen und Familien in ihrer Gemeinde tun möchten, aber nicht recht wissen, wie das möglich ist. Wenn sich eine Gruppe von Männern und Frauen zusammenfindet – vielleicht als Ausschuß des Pfarrgemeinderates –, kann sie in den folgenden Kapiteln konkrete Anregungen finden.
Das Buch ist nach den Aufgabenbereichen gegliedert, die sich für die Ehe- und Familienpastoral in einer Pfarrgemeinde ergeben. In jedem Kapitel habe ich zunächst einige wichtige inhaltliche Zielvorstellungen als Orientierung für alle Aktivitäten kurz ausgeführt. Die vielen praktischen Möglichkeiten für konkrete Arbeit, die im Anschluß daran dargestellt werden, sollten niemanden erschrecken. Selbstverständlich kann nicht überall alles geschehen. Es sollte aber in einer Gruppe von Verantwortlichen möglich sein, die vordringlichen Initiativen auszuwählen, die aufgrund der Situation der Gemeinde wichtig sind.

Dr. Bernhard Liss

I. Auf dem Weg zur Partnerschaft

A) Inhaltliche Ziele

1. Vertrauen

Die Fähigkeit, zu vertrauen, wird schon in den ersten eineinhalb Jahren des Lebens grundgelegt. Schon bald nach der Entbindung erlebt das Neugeborene ein Gefühl, das wir als Mißtrauen beschreiben können: Hunger, Schmerzen und unbefriedigte Bedürfnisse verursachen eine Empfindung von Mangel. Wenn sich dann auf sein Schreien Hilfe einstellt und der Mangel behoben wird, erlebt es den Gefühlseindruck Vertrauen: Ich bekomme ja doch, was ich brauche.

Wichtig ist, daß im Laufe des zweiten Lebensjahres das Vertrauen größer ist als das Mißtrauen. Damit ist eine gute Ausgangsposition für die weitere Entwicklung gegeben.

Selbstverständlich spielen die folgenden Jahre auch noch eine große Rolle. Auf der bestehenden Grundlage kann weitergebaut werden, so daß die Vertrauensfähigkeit gefestigt wird. Enttäuschungen können aber auch das Fundament schädigen und Probleme verursachen. Allerdings kann eine gesunde Basis nicht mehr total zerstört werden.

Das Grundvertrauen ist eine wichtige Voraussetzung für jede Beziehung, für Beziehungen zwischen Menschen, aber auch für die Beziehung des Menschen zu Gott; hier nennen wir das Vertrauen, das der Mensch entwickeln kann, Glaube.

2. Gefühlsentwicklung

Für die Grundlegung einer gesunden Gefühlsentwicklung sind die Erfahrungen der frühen Kindheit wichtig, besonders die unbewußte Aufnahme von Zärtlichkeiten: Hautkontakt, streicheln, zureden, singen. Wenn dann in den Jahren der Kindheit, in denen sich die Persönlichkeit entfaltet, nicht nur kognitiv gefördert, sondern auch Zärtlichkeit geschenkt wird, hat es das Kind leichter, die eigenen Gefühle auszudrücken. Wird die Zärtlichkeit nur dem Baby geschenkt und dem heranwachsenden Kind – häufiger dem Knaben – vorenthalten, kommt es leicht zur Verschlossenheit im Gefühlsleben, so daß Hemmungen den Ausdruck des eigenen Gefühls behindern.
Der Zärtlichkeit kommt eine besondere Bedeutung zu, weil in ihr das Kind Liebe und Angenommensein unmittelbar erlebt und aus der damit verbundenen Sicherheit heraus eher imstande ist, sich mit verschiedenartigen Gefühlen bewußt auseinanderzusetzen. Besonders schwierig ist dies ja bei negativ gefärbten Stimmungen, z.B. Ärger oder Angst. Gerade aber wenn solche Gefühle das Leben bedrücken, ist es wichtig, sich einem anderen Menschen öffnen zu können, weil gemeinsam mit einer vertrauenswürdigen Person belastende Situationen leichter überwunden werden.

3. Gesprächsfähigkeit

Gespräch ist Reden und Zuhören. Die Fähigkeit dazu wird bei den Menschen gelernt, mit denen ein Kind in seinen ersten Lebensjahren zusammen ist. Noch vor der Entwicklung einer reichen Sprache – Gebrauch vieler Wörter, unterscheidender Ausdruck – wird die wichtigste Grundhaltung eingeübt: einerseits einem Menschen, der zu mir spricht, zuhören und andererseits die eigenen Gedanken und Gefühle einer vertrauten Person sagen. Beides erlebt das Kind an den Menschen seiner Umgebung: Zuwendung oder Desinteresse, offene Rede oder Verschlossenheit. Die Weiterentwicklung hängt selbstverständlich auch davon ab, ob der junge Mensch Beziehungen aufbauen kann, in denen ein vertrauensvoller Erfahrungsaustausch möglich ist. Das wird dann besonders wichtig, wenn die notwendige Loslösung von den Eltern auch entsprechende Auswirkungen auf das Familienleben hat, so daß Kontaktmöglichkeiten außer Haus von großer Bedeutung sind.

4. Partnerschaftlichkeit

Zum Lebensgefühl unserer Zeit gehört auch die Partnerschaft von Mann und Frau, verstanden als Überwindung einer patriarchalischen Ordnung, in der die Frau ihren Platz unter dem Mann hatte. Partnerschaftlichkeit anerkennt die verschiedene Art der beiden Geschlechter, will aber Gleichwertigkeit und gegenseitige Ergänzung ohne jegliche Unterdrückung.
Diese Zielvorstellung, die theoretisch von den meisten jungen Menschen vertreten wird, ist deshalb so schwer zu leben, weil durch die Erziehung andere Verhaltensweisen gelernt wurden. Und weil der Mensch vielfach nicht bewußt und überlegt, sondern automatisch, also unbewußt, handelt, prägen oft patriarchalische Gewohnheiten das alltägliche Zusammenleben. Aufgrund des Gegensatzes zur anerkannten Zielvorstellung kommt es deshalb zu Konflikten. Darum ist es wichtig, daß junge Menschen sobald wie möglich partnerschaftliches Verhalten lernen. Abgesehen von der Prägung in der Familie ist dafür die Einübung im Jugendalter wichtig, indem Heranwachsende in gemischten Gruppen konkrete Zusammenarbeit versuchen.

5. Loslösung

Das Kind ist auf seine Eltern angewiesen, um leben zu lernen. Ziel der Entwicklung ist aber der erwachsene Mensch, der auf eigenen Füßen steht. Deshalb muß im Laufe der Jahre eine gewisse Ablösung von Mutter und Vater vollzogen werden. Dies ist in der Regel umso schwieriger, je emotioneller die Beziehung war. Was also für das Kind zunächst gut ist, verursacht in der Folge Probleme.
Die Ablösung kann nicht ohne Konfrontation gelingen. Der junge Mensch muß ausprobieren, wieweit seine Selbständigkeit schon trägt; das bevorzugte Exerzierfeld dafür ist die Beziehung zu den Eltern. Diese sollten wissen, daß hinter scheinbar rücksichtsloser Grobheit und übertriebenen Vorwürfen die Unsicherheit eines heranwachsenden Menschen steht, der seine Eltern dazu benützt, um leben zu lernen.
Der junge Mensch braucht Ermutigung auf dem Weg zur eigenständigen Persönlichkeit.

6. Verantwortung

Die Freiheit, die ein junger Mensch zu gebrauchen lernen muß, benötigt als Ergänzung die Verantwortlichkeit. Letztlich geht es dabei um die Bildung des Gewissens. Zunächst werden dem Kind jene Regeln eingeprägt, die von den Erwachsenen als verpflichtende Normen angesehen werden. In den Jahren des Heranreifens sollte aber schon eine Ergänzung dazu einsetzen: Die vorgegebenen Richtlinien sind durch eigene Einsicht zu prüfen und können dann zur persönlichen Überzeugung werden, wenn sie vom selbständigen Denken bejaht werden.
Im Falle religiöser Überzeugung bedeutet Verantwortlichkeit die Bereitschaft, dem zu antworten, der Rechenschaft über alles Tun und Lassen fordern kann, nämlich Gott.

Verantwortung kann nicht durch Dressur anerzogen werden, sie wächst auch nicht durch pädagogisches Verhalten, das Angst erzeugt; Verantwortung kann nur wachsen, wenn die Erzieher es riskieren, sich auf die Freiheit einzulassen.
Es gibt allerdings auch bei der besten Erziehung keine Garantie für den Erfolg. Gerade in unserer Zivilisation sind die Einflüsse von der Vorschulzeit an so vielfältig, daß Eltern froh sein müssen, wenn ihre Kinder keine katastrophalen Irrwege gehen.

B) Bereiche pastoraler Tätigkeit

1. Familie

Aus den inhaltlichen Darlegungen ergibt sich, daß die wesentlichen Voraussetzungen für ein befriedigendes Zusammenleben mit einem Partner schon in der frühen Kindheit in der Familie geschaffen werden. Das hat für kirchliche Aktivitäten zunächst einmal eine wichtige Konsequenz: Wenn von Ehevorbereitung gesprochen wird, darf man nicht in erster Linie an irgendwelche Veranstaltungen denken, die man für Brautleute oder – wenn man sinnvollerweise früher ansetzt – für Jugendliche konzipiert, sondern es muß die wichtigste und zeitlich erste Ehevorbereitung bedacht werden, nämlich das Familienleben. Hier werden für jeden Menschen die entscheidenden Weichen gestellt. Alles, was später kommt und was außerhalb der Familie geschieht, kann nur auf den Fundamenten, die schon gelegt sind, aufbauen.
Damit ist ein Grundsatz ausgesprochen, der sich durch

verschiedene Aktivitäten hindurchziehen sollte: Erziehung besteht nicht in erster Linie aus bestimmten Maßnahmen, die Vater und Mutter gegenüber ihren Kindern ergreifen, sondern ist zu allererst das Zusammenleben der Eltern, das sich den Kindern einprägt und das für sie zu einer unbewußten Leitlinie für das eigene Verhalten wird. Das gilt selbst dann noch in hohem Maß, wenn ein erwachsener Mensch die Erkenntnis gewonnen hat, auf keinen Fall so werden zu wollen wie die eigene Mutter oder der eigene Vater.

Im folgenden soll eine Möglichkeit vorgestellt werden, wie Ehepaare diese Erkenntnis gewinnen bzw. vertiefen können.

Thema: *Die Ehe als Modell für die nächste Generation*

Einzuladen: Ehepaare, die mit Kindern zusammenleben

1. Abend: Die Ehe als Wohngemeinschaft
2. Abend: Die Ehe als Liebes- und Sexualgemeinschaft
3. Abend: Die Ehe als Freizeitgemeinschaft

Methodischer Ablauf:

1. Schritt: Jeder Teilnehmer bringt die Sätze auf dem Arbeitsblatt in eine Reihenfolge entsprechend ihrer Wichtigkeit.

2. Schritt: In Kleingruppen (maximal sechs Personen) vergleichen die Teilnehmer ihre Ergebnisse und einigen sich auf fünf positiv formulierte Sätze, die auf den oberen Teil eines Plakats geschrieben werden. Dann schreiben sie auf den unteren Teil zu den fünf Sätzen, was ihre Kinder bei ihnen diesbezüglich lernen können.

3. Schritt: Die Plakate werden sichtbar aufgehängt und die Ergebnisse im Plenum diskutiert.

4. Schritt: Die Partner haben Gelegenheit, zu zweit darüber zu sprechen, was sie aus den Anregungen der Gespräche auf ihre persönliche Situation anwenden wollen.

1. Abend: Die Ehe als Wohngemeinschaft

Denken Sie daran, daß Ihr Sohn (Ihre Tochter) einmal mit einem Ehepartner zusammenleben wird. Was ist notwendig, damit diese Wohngemeinschaft zufriedenstellend gelingt?
Reihen Sie die folgenden Punkte nach ihrer Wichtigkeit:

	Jederzeit zu einem Gespräch bereit sein.
	Genau erzählen, was geschehen ist.
	Dem Partner aufmerksam zuhören.
	Durch Fragen Interesse zeigen.
	Über den Speisezettel verhandeln.
	Der Totalhausfrau an den Wochenenden bei der Arbeit helfen.
	Dem Ehemann Hausarbeit anbieten.
	Wenn beide berufstätig sind: Die Hausarbeit gerecht teilen.
	Die Hausarbeit nach männlichen und weiblichen Tätigkeiten teilen.
	Den Partner mit Konfliktstoff verschonen.
	Für Probleme viel Zeit nehmen.
	Den Partner vom eigenen Standpunkt logisch überzeugen.
	Bei Auseinandersetzungen die Gefühle des Partners berücksichtigen.
	Große Ausgaben gemeinsam planen.
	. . .
	. . .

Für den Gesprächsleiter:
Drei Lebensbereiche sollen näher betrachtet werden: Gespräch, Hausarbeit und Konfliktregelung.
Die Eltern sollen sich am Ende des Abends fragen: Erfahren unsere Kinder, daß sie ernstgenommen werden, wenn sie etwas zu sagen haben? Hören wir ihnen zu? Und erleben sie auch, daß wir als Ehepartner füreinander offen sind?
Sehen die Kinder, daß im Bereich der Hausarbeit bei den Eltern Hilfsbereitschaft und Zusammenwirken vorhanden sind? Werden sie selbst auch dazu angehalten, ihren Beitrag altersgemäß zu übernehmen?
Wie erleben die Kinder unsere Meinungsverschiedenheiten? Regeln wir Konflikte menschenwürdig, also ohne daß ein Teil über den anderen triumphiert, sondern indem Kompromisse gefunden werden, denen beide mit gutem Gefühl zustimmen können?

2. Abend: Die Ehe als Liebes- und Sexualgemeinschaft

Denken Sie daran, daß Ihr Sohn (Ihre Tochter) einmal mit einem Ehepartner in einer Liebes- und Sexualgemeinschaft leben wird. Was ist notwendig, damit diese Gemeinschaft als befriedigend erlebt wird?
Reihen Sie die folgenden Punkte nach ihrer Wichtigkeit:

	Gefühle des Partners erraten.
	Gefühlsäußerung wichtig nehmen.
	Statt an Gefühle mehr an Tatsachen halten.
	Dem Partner eigene Gefühle mitteilen.
	Auf zärtliche Äußerungen eingehen.
	Zärtlichkeiten auf ruhige Stunden verschieben.
	Von Zuneigung sprechen.
	Liebe durch Arbeit für die Familie beweisen.
	Treue als entscheidenden Liebesausdruck bewerten.
	An ausgiebigen Zärtlichkeiten Freude haben.
	Auf die geeignete Situation warten können.
	Den Partner überraschend und stürmisch erobern.
	Im Erdenken von Zärtlichkeit phantasievoll sein.
	Aus Rücksicht auf etwas verzichten können.
	. . .
	. . .
	. . .

Für den Gesprächsleiter:
Es geht um drei Themenkreise: Gefühle bejahen und äußern, Zuneigung annehmen, warten bzw. verzichten können.
Erleben die Kinder am Beispiel ihrer Eltern, daß Liebe nicht nur Zärtlichkeit und Treue ist, sondern auch den Ausdruck herzlicher Zuneigung braucht? Erfahren sie, wie man einander durch Zärtlichkeiten Liebe zeigen kann? Dürfen Kinder ihre Gefühle äußern und erfahren sie, wie man auf die Wünsche eines anderen Menschen eingeht? Schließlich verlangt Liebe auch nicht selten, auf etwas warten oder dem Partner zuliebe verzichten zu können.

3. Abend: Die Ehe als Freizeitgemeinschaft

Denken Sie daran, daß Ihr Sohn (Ihre Tochter) einmal mit einem Ehepartner gemeinsam die Freizeit gestalten bzw. sich über die Gestaltung der Freizeit einigen wird. Was ist notwendig, damit die Ehe als Freizeitgemeinschaft gelingt? Reihen Sie die folgenden Punkte nach ihrer Wichtigkeit:

	Die Interessen des Partners kennenlernen.
	Auch unverständliche Hobbys akzeptieren.
	Die eigenen Bedürfnisse deutlich äußern.
	Kompromisse schließen können.
	Freizeitgestaltung dem Partner überlassen.
	Gemeinsamkeiten bewußt entwickeln.
	Den Partner eigenen Interessen allein nachgehen lassen.
	Sich selbst beschäftigen können.
	Dem Partner zuliebe auf eigene Interessen verzichten.
	Den Partner zu seinem Glück zwingen.
	Den uneinsichtigen Partner zu einem schönen Erlebnis mit sanftem Druck führen.
	Festgestaltung miteinander planen.
	Die Familienfeiern dem begabteren Partner überlassen.
	Fernsehfreie Abende vereinbaren.
	Auch Urlaub ohne Kinder machen.
	. . .
	. . .

Für den Gesprächsleiter:
Es geht um die Fähigkeit der Kooperation, das Eingehen auf die Interessen anderer und um kreative Beiträge zum Gemeinschaftsleben.
Familienleben spielt sich vorwiegend im Bereich der Freizeit ab. Die Stabilität einer Ehe hängt denn auch nicht zuletzt davon ab, daß die Partner in der Lage sind, miteinander bezüglich der Freizeitinteressen zusammenzuwirken, Interessen des Partners, die sich mit eigenen Neigungen nicht decken, zu respektieren und zu fördern, aber auch festliche Zeiten entsprechend zu gestalten. Deshalb sollten die Kinder heute schon lernen können, was sie dafür in der Zukunft brauchen: Schöpferische Phantasie entwickeln, die Interessen anderer zu achten und bei gemeinsam gestalteten Festlichkeiten aktiv eine Aufgabe zu übernehmen.

2. Jugendarbeit

Die Themen Partnerschaft, Freundschaft, Liebe, Sexualität sind für Jugendliche wichtig. Schließlich geht es in der Zeit des Heranwachsens nicht nur um berufliche Ausbildung, damit man sich einmal seinen Lebensunterhalt verdienen kann, sondern auch um eine wichtige Entwicklung im Hinblick auf das Zusammenleben mit einem Partner. In der Jugendzeit müssen in der Begegnung Erfahrungen gesammelt werden, damit später einmal eine vernünftige Entscheidung getroffen werden kann.
In den kirchlichen Gruppen, in denen sich Jugendliche treffen, werden nicht selten die diesbezüglichen Themen vermieden. Das Anliegen ist zwar vorhanden, die jungen Menschen sprechen auch untereinander über ihre Probleme und Erfahrungen, die verantwortlichen Gruppenleiter trauen sich aber häufig nicht, die Fragestellungen der Jugendlichen direkt aufzugreifen, weil sie selbst unsicher sind, was sie sagen sollen.

Aus diesem Grund ist die Zusammenarbeit mit einem Ausschuß für Ehe und Familie wünschenswert. Dort ist man mit den entsprechenden Inhalten vertraut, allerdings aus der Sicht der Erwachsenen. Deshalb ist es notwendig, alle Aktivitäten von Anfang an gemeinsam zu planen und zu entwickeln. Die Angebote der Erwachsenen müssen unaufdringlich sein. Sie werden am ehesten angenommen werden, wenn die Fachkompetenz klar ist.
In mancher Gemeinde lohnt es sich auch, zunächst darüber nachzudenken, ob die offiziell Verantwortlichen für die Jugendarbeit auch jene sind, die tatsächlich Zugang zu den Jugendlichen haben. Der schon bestehende lebendige Kontakt ist eine wesentliche Voraussetzung für eine effektive Bearbeitung jener Lebensfragen, die stark in die Intimsphäre eingreifen.
Im folgenden wird ein Beispiel dargestellt, wie ein Bildungsprozeß mit Heranwachsenden in Gang gebracht werden kann.

Thema: *Partnerschaft lernen*

Durchführung: Mindestens drei Abende.
Die ersten zwei Abende können dort, wo sich mehrere Gruppen regelmäßig treffen, in diesen Gruppen parallel durchgeführt werden. Es ist eine Bereicherung, wenn am dritten Abend mehrere Gruppen zusammenkommen, ihre Ergebnisse vergleichen und offene Fragen gemeinsam besprechen.

1. Abend

1. *Individuelle Arbeit*

Jeder Teilnehmer bekommt den Fragebogen.
Erster Schritt: Kennzeichne jene vier Fragen, die Dich am meisten interessieren.
Zweiter Schritt: Schreibe zu jeder von Dir ausgewählten Frage eine Behauptung auf, die Du in Deiner Umgebung (Familie, Arbeitsplatz, Freunde . . .) öfter hörst.

D r i t t e r S c h r i t t: Formuliere zu diesen vier Punkten Deine eigene Meinung.
Am Ende dieser Phase werden die Niederschriften auf einen Stoß zusammengelegt.

2. *Gruppenarbeit* (drei bis vier Personen)
Jede Gruppe erhält soviele Blätter wie Teilnehmer in ihr sind. Dabei ist gleichgültig, ob zufällig das Blatt eines Gruppenmitgliedes dabei ist.
1. S c h r i t t: Die auf den Blättern festgehaltenen Meinungen werden unter folgendem Gesichtspunkt diskutiert: Welche Aussagen entsprechen unserer Lebenseinstellung? Wenn die Gruppe sich nicht einigen kann, sollen die verschiedenen Auffassungen nebeneinander festgehalten werden.
2. S c h r i t t: Die Gruppe überlegt, ob die bejahten Auffassungen auch begründet werden können.
3. S c h r i t t: Es wird schriftlich formuliert:
– worauf sich die Gruppe geeinigt hat,
– die entsprechenden Begründungen,
– Fragen, die offen geblieben sind.
Am Ende dieser Phase bekommt der Gesprächsleiter die Blätter mit den Gruppenergebnissen.

3. *Abschluß*
Die gesamte Gruppe setzt sich zusammen, wobei Gelegenheit gegeben wird, darüber zu reden, wie es den Teilnehmern in den Kleingruppen ergangen ist. Inhaltliche Fragen werden jetzt nicht ausdiskutiert. Der Gesprächsleiter sagt aber, daß die Gruppenergebnisse als Grundlage für die Arbeit am zweiten Abend dienen.
Es ist möglich, daß jetzt im Plenum der Gruppe kein Gespräch zustandekommt. Man spielt zum Abschluß ein Musikstück oder hört gemeinsam einen passenden Text an.

2. Abend

Vorbereitung: Der Gesprächsleiter sichtet die Gruppenergebnisse und notiert, welche Fragen am ausführlichsten

besprochen wurden. Zu diesen Punkten bereitet er Fallbesprechungen vor, am besten zusammen mit einigen aktiven Jugendlichen, die entsprechendes Material zusammentragen. Fallbesprechungen enthalten eine Situation aus dem Leben, die so sparsam geschildert ist, daß für die Phantasie genügend Raum bleibt, das Fehlende individuell zu ergänzen.
Im Anschluß daran sind konkrete Fragen zu formulieren.

Fragebogen: PARTNERSCHAFT LERNEN

1. Ist es besser, in einer Gruppe beisammen zu sein oder soll man auch etwas zu zweit unternehmen?
2. Wie findet man am besten einen Menschen, mit dem eine echte Freundschaft möglich ist?
3. Darf man eine Freundschaft aus eigenem Entschluß lösen?
4. Wie erkennt man, was wahre Liebe ist?
5. Wie weiß man, ob es einer ehrlich meint?
6. Wie weit kann man gehen, wenn man nicht sicher ist, ob die Beziehung länger dauert?
7. Wie soll man sich verhalten, wenn die Eltern für das Ausgehen Grenzen setzen?
8. Wann ist man reif, sich einen Partner fürs Leben zu wählen?
9. Muß man gemeinsame Interessen haben, wenn man heiraten will?
10. Sollen Konflikte in einer richtigen Partnerschaft möglichst vermieden werden?
11. Soll man bei Meinungsverschiedenheiten aus Liebe nachgeben oder die eigene Überzeugung verteidigen?
12. Ist ein Freund/eine Freundin für die Ehe akzeptabel, wenn er/sie schon sexuelle Beziehungen zu jemand anderem gehabt hat?
13. Soll man noch etwas alleine unternehmen, auch wenn man eine feste Freundin/einen festen Freund hat?
14. Soll man mit einem Partner auch gemeinsam beten?
15. Was bedeutet es, wenn der Freund/die Freundin mit anderen freundschaftlich umgeht (Komplimente macht, Zuneigung zeigt, sehr persönliche Gespräche führt)?
16. Ist es besser, mit dem Geschlechtsverkehr bis zur Ehe zu warten?
17. Ist für ein Ehepaar das Zusammenleben mit anderen in einer Wohngemeinschaft erstrebenswert?
18. Es gibt verschiedene Methoden der Empfängnisregelung. Sind alle gleich gut oder verschieden zu beurteilen?
19. Manche sagen, wenn man gut befreundet ist, darf man auch miteinander schlafen. Gibt es überzeugende Gründe dafür bzw. dagegen?
20. Soll man gleich heiraten oder ist es besser, zuerst einmal so zusammenzuleben?

Im folgenden einige Beispiele; die Zahlen beziehen sich auf den Fragebogen.

1. (Frage: Ist es besser, in einer Gruppe beisammen zu sein oder soll man auch etwas zu zweit unternehmen?)
Zwei Frauen begegnen sich im Treppenhaus:
»Mir gefällt das gar nicht, wenn sich heutzutage die jungen Leute ganz durcheinander im Pfarrheim treffen können; wenn man da zuschaut, hat man den Eindruck von einer richtigen Pärchenwirtschaft.«
»Aber glauben Sie nicht, daß das immer noch besser ist als etwas anderes? Mir ist es lieber, sie treffen sich im Pfarrheim. Wenn so ein Junge und ein Mädchen öfter allein sind, weiß man ja, was geschieht.«
– Wie sind diese beiden Meinungen zu beurteilen?
– Wie kann die Beurteilung begründet werden?

3. (Frage: Darf man eine Freundschaft aus eigenem Entschluß lösen?)
Hans und Ulrike sind seit ungefähr einem Jahr miteinander befreundet. Jetzt entdeckt Ulrike immer deutlicher, daß sie keine echten Gefühle mehr für Hans empfindet. Sie fürchtet sich aber, mit ihm Schluß zu machen. Er hatte einmal zu ihr gesagt: »Sollte es einmal passieren, daß du nichts mehr von mir wissen willst, dann könnte ich nicht mehr leben.«
– Wie ist das Verhalten von Ulrike und Hans zu beurteilen?
– Wie kann die Beurteilung begründet werden?

7. (Frage: Wie soll man sich verhalten, wenn die Eltern für das Ausgehen Grenzen setzen?)
Ein 18jähriger: »Was soll ich nur mit meinem zukünftigen Schwiegervater machen? Der alte Knabe schreibt meiner Freundin (sechzehneinhalb) vor, wann sie abends zu Hause sein muß. Schließlich habe ich doch als Freund seiner Tochter auch gewisse Rechte, die er anerkennen muß. Ich liebe das Mädchen ja.«

– Wie ist die Meinung des jungen Mannes und wie ist das Verhalten des Vaters zu beurteilen?
– Wie kann die Beurteilung begründet werden?

11. (Frage: Soll man bei Meinungsverschiedenheiten aus Liebe nachgeben oder die eigene Überzeugung verteidigen?)
Seit einem Jahr gingen sie miteinander. In der Jugendarbeit waren beide aktiv. Als die Party vorbereitet werden mußte, übernahmen sie gemeinsam die Verantwortung dafür.
Sie plante – wie sie es von ihrer Familie gewohnt war –, das Essen auf schönem Geschirr kunstvoll anzurichten, im ganzen etwas »vornehm«. Er ist überzeugt davon, daß es so den meisten nicht angenehm sein wird. Er weiß, daß sie es gern einfacher und unkomplizierter haben. Aber er kennt ihren Dickschädel und gibt nach einer vorsichtigen Bemerkung, die von ihr weggewischt wird, gegen seine Überzeugung nach.
– Wie ist das Verhalten des jungen Mannes zu beurteilen?
– Wie kann die Beurteilung begründet werden?

13. (Frage: Soll man noch etwas alleine unternehmen, auch wenn man eine feste Freundin/einen festen Freund hat?)
Zwei Freundinnen unterhalten sich:
»Fahr doch mit. Diese zwei Tage werden sicher ganz prima.«
»Ich kann doch nicht. Du weißt ja, der Helmut . . .«
»Aber ihr seid doch noch nicht verheiratet.«
»Wer weiß, was ihm dann einmal einfällt, wenn ich jetzt ohne ihn etwas unternehme.«
– Wie ist das Verhalten dieses Mädchens zu beurteilen?
– Wie kann die Beurteilung begründet werden?

15. (Frage: Was bedeutet es, wenn der Freund/die Freundin mit anderen freundschaftlich umgeht – Komplimente macht, Zuneigung zeigt, persönliche Gespräche führt?)

Seit zwei Jahren geht er schon mit der Traudi. Aber wenn er Probleme hat, spricht er mit der Marianne; die kennt er schon seit der Schulzeit.
– Wie ist dieses Verhalten zu beurteilen?
– Wie kann die Beurteilung begründet werden?

16. (Frage: Ist es besser, mit dem Geschlechtsverkehr bis zur Ehe zu warten?)
Mein Vater hat einmal in einem Freundeskreis gesagt, daß es meine Mutter leicht gehabt habe. Er sei ein sexuell erfahrener Mann gewesen.
Die Eltern meines Freundes sagen, daß ihre Ehe deshalb so glücklich verlaufen ist, weil sie vor der Eheschließung keine intimen Beziehungen hatten.
Beide Ehen gehen einigermaßen gut. Wer hat nun recht?
– Wie ist diese Frage zu beantworten?
– Wie kann die Antwort begründet werden?

18. (Frage: Es gibt verschiedene Methoden der Empfängnisregelung. Sind alle als gleich gut oder unterschiedlich zu beurteilen?)
Sie sprechen über Familienplanung. Er ist bei der Empfängnisverhütung für das Präservativ, weil es ihm sicher erscheint. Sie tritt für die Zeitwahl ein, weil ihr diese Methode natürlich vorkommt.
– Wie sind die beiden Meinungen zu beurteilen?
– Wie kann die Beurteilung begründet werden?

20. (Frage: Soll man gleich heiraten oder ist es besser, zuerst einmal so zusammenzuleben?)
Die Tochter teilt ihren Eltern mit, daß sie am kommenden Monatsersten zu ihrem Freund zieht. Auf die Frage nach dem Hochzeitstermin sagt sie: »Wir sind der Meinung, daß wir uns zuerst einmal richtig kennenlernen müssen. Bei einer eventuellen Trennung geht es dann ohne Komplikationen.« Die Eltern machen ein erstauntes Gesicht. Die Tochter entgegnet: »Heute denkt man in dieser Hinsicht nüchtener.«

- Wie sind Verhalten und Meinung des Mädchens zu beurteilen?
- Wie kann die Beurteilung begründet werden?

Durchführung:

1. *Plenum*

Der Gesprächsleiter berichtet über das Ergebnis des ersten Abends. Dann erklärt er die weitere Vorgangsweise, bildet Kleingruppen, die nicht mit denen des ersten Abends identisch sein müssen, und verteilt die Fallbesprechungen.

2. *Gruppenarbeit* (drei bis vier Personen)

1. Schritt: Die Gruppe diskutiert die geschilderte Situation. Dazu sollen die Teilnehmer einander zunächst möglichst locker eigene Erfahrungen mitteilen.

2. Schritt: Die Gruppe versucht die gestellten Fragen zu beantworten und formuliert abschließend die Antworten schriftlich.

Es ist auch möglich, daß jede Gruppe zwei oder drei Fallbesprechungen bekommt. Dann sollte aber eine Situation nach der anderen behandelt werden, also die nächste ist erst zu beginnen, wenn die schriftlichen Antworten formuliert sind.

3. *Gruppenplenum*

Der Gesprächsleiter vergleicht mit Hilfe von Sprechern aus den Kleingruppen die formulierten Meinungen vom ersten Abend mit den Antworten zu den Fallbesprechungen. Es empfiehlt sich, wichtige Sätze oder Stichworte dazu auf Plakaten festzuhalten.

Zum Abschluß werden gemeinsam jene Fragen notiert, die jetzt noch offen geblieben sind.

Es ist möglich, daß es die Fülle des Materials verlangt, zur Aufarbeitung einen zusätzlichen Abend anzusetzen. Es ist auch denkbar, daß eine Gruppe das Bedürfnis hat, die vorliegenden Ergebnisse noch ausführlicher zu besprechen. Diesem Verlangen sollte der Gesprächsleiter auf jeden Fall entgegenkommen.

3. Abend

Es ist empfehlenswert, dafür einen Referenten zu gewinnen, der für den Inhalt eine gewisse Kompetenz hat, also eine Frau oder einen Mann aus den Bereichen Eheberatung, Sexualpädagogik oder Familienbildung. Dieser Referent muß vorher mit den Ergebnissen der bisherigen Gespräche vertraut gemacht werden.

1. *Plenum*
Sprecher der verschiedenen Gruppen berichten über ihre Ergebnisse.
2. *Gruppenarbeit* (drei bis vier Personen)
Der Referent formuliert konkrete Fragestellungen zu den offen gebliebenen Punkten. Die Gruppe versucht Antworten zu finden.
3. *Plenum*
- Berichte der Gruppen
- Kurzreferate des Referenten
- Anfragediskussion

Wenn eine solche Veranstaltung ein gutes Echo gefunden hat, kann überlegt werden, ob nicht die Eltern der Jugendlichen in einer eigenen Veranstaltung oder in einer Veranstaltungsreihe mit den Ergebnissen konfrontiert werden sollten. Konkrete Anregungen dazu unten im Kapitel IV. Familie als Hauskirche, B) 1. Elternbildung.

3. Gespräche mit jungen Paaren

Die oben beschriebenen Möglichkeiten sind Angebote für alle. Es werden selbstverständlich manche Jugendliche auch paarweise kommen. Das ist aber nicht die Regel. Es sollte bedacht werden, daß bei vielen eine große Hemmung besteht, sich als Paar zu deklarieren.

Trotzdem ist es wichtig, jenen ein besonderes Augenmerk zu schenken, die aus der Phase wechselnder Freundschaften zu einer mehr oder minder festen Beziehung gelangen. Im Freundeskreis weiß man: Die zwei gehen miteinander. Es ist aber selbst für die besten Bekannten oft nicht möglich zu sagen, wie ernst diese Beziehung schon gemeint ist. Ja, die Betroffenen selbst haben Schwierigkeiten damit.

In diesem Zusammenhang muß auch auf die wachsende Zahl nichtehelicher Lebensgemeinschaften hingewiesen werden. Es ist heute einfach nicht mehr wie früher üblich, in einem gewissen Alter die Bindung für das ganze Leben anzustreben und sich mit dem Partner, den man erwählt, konsequent auf die Ehe vorzubereiten. Hier sei nur darauf hingewiesen, daß die innere Unsicherheit, die diesem Verhalten auch zugrunde liegt, beachtet werden muß. Näheres darüber im Kapitel V.

Aus der Sicht des Erwachsenen mit seiner Lebenserfahrung ist es klar, daß die jungen Paare Gesprächspartner nötig hätten. Aus der Sicht der jungen Leute stellt sich die Situation meist anders dar. Sie sind sehr viel mit sich selber beschäftigt. Sie sind auch nicht in dem Maß problembewußt, wie Erwachsene es sich für junge Menschen wünschen. Sie empfinden sich auch nicht als »hilfsbedürftig«.

Neben dem fehlenden Bedürfnis muß noch eine andere Schwierigkeit erwähnt werden: Wer eignet sich als Gesprächspartner? Die Eltern kommen in den meisten Fällen nicht in Frage, weil sich der Jugendliche ja in dieser Lebensphase von Vater und Mutter lösen muß. Mit einiger Mühe können sich Erwachsene auch daran erinnern, wie schwer es ihnen in dieser Zeit gefallen ist, Ratschläge anzunehmen.

Es gibt aber in jeder Gemeinde Personen, die aufgrund ihrer beruflichen Tätigkeit oder einfach durch ihre Persönlichkeit einen guten Draht zu jungen Menschen haben. Wenn sie aufmerksam sind, bemerken sie auch die verdeckten Fragen in scheinbar belanglosen Gesprächen. Viele greifen diese aber nicht auf. Im letzten fürchten sie sich vor dem Thema Liebe, weil sie spüren, daß man wirklich konkret werden müßte, wenn ein solches Gespräch hilfreich sein soll. Theoretische Diskussionen nützen nicht viel.

Damit ist schon ausgedrückt, daß eine Verwirklichung des Vorschlages, der im Thema »Gespräche mit jungen Paaren« enthalten ist, nicht leicht sein dürfte. Wenn sich aber Seelsorger, Lehrer, Sozialarbeiter, ehemalige Jugendführer usw. doch trauen sollten, einzelnen Paaren das Gespräch anzubieten, möchte ich ihnen mit den »Fragen an die Beziehung« eine kleine Hilfe in die Hand geben.

Wie sich ein Gespräch entwickelt, kann nicht vorausgesagt werden. Wichtig ist aber, daß es die jungen Partner wünschen. Das heißt auch, daß ein Angebot von seiten des Erwachsenen nie aufdringlich sein darf. Sonst werden auch die Fragen als bedrängend empfunden.

Bevor die beiden den Fragebogen in die Hand bekommen, sollte die spielerische Seite des Vorgangs betont werden: Wenn zwei Partner etwas für sich notieren, was jeweils den anderen betrifft, ist es spannend, die Ergebnisse zu vergleichen.

Wenn die Partner ihre Eintragungen gemacht haben, muß der erwachsene Gesprächsteilnehmer klarstellen, daß sie sich dadurch nicht verpflichten, sich mit ihm über die gestellten Fragen zu unterhalten. Im Vordergrund muß die Empfehlung stehen: Ihr beide tut gut daran, euch mit den aufgeworfenen Fragen zu beschäftigen. Ihr selber sollt entdecken, wie gut ihr schon über dieses und jenes reden könnt. Dann kann es sein, daß die beiden das Bedürfnis haben, von einem Menschen mit längerer Lebenserfahrung etwas zu hören. Damit eröffnet sich eine große Chance. Sie wird dann am besten genutzt, wenn jede Art von Belehrung vermieden wird und nur eigene Erfahrungen und Überzeugungen mitgeteilt werden.

Selbstverständlich sollte sein, daß keinerlei Perfektionismus entwickelt werden darf. Wenn es zum Beispiel heißt: »6. Wir wissen voneinander, wovor wir Angst haben«, so kann das nur ein Anlaß sein, darüber nachzudenken, zu welcher Intimität sich eine partnerschaftliche Liebe entwickeln kann. Bei jungen Menschen können höchstens Ansätze dazu vorhanden sein. Diese gilt es allerdings zu entdekken und die Partner für eine weitere Entwicklung zu ermutigen.

Wenn zwei junge Menschen auf diese Weise ihre Situation einigermaßen realistisch sehen lernen und dabei auch Anregungen bekommen, was für ihre Beziehung in Zukunft wichtig ist, werden sie für ein solches Gespräch dankbar sein. Sie fühlen sich ja nicht gegängelt, sondern spüren, daß der weitere Weg in ihrer Hand liegt.

FRAGEN AN DIE BEZIEHUNG

	ja 3	teilw. 2	wenig 1
1. Bei Entscheidungen, die uns beide betreffen, kann jeder seine Meinung zur Geltung bringen.			
2. Wir wissen, wo einer dem anderen überlegen ist.			
3. Unangenehme Arbeiten, die notwendig sind, teilen wir uns gerecht.			
4. Wir sagen einander Dinge, die sonst niemand erfährt.			
5. Wir können auch einen Ärger über den Partner aussprechen.			
6. Wir wissen voneinander, wovor wir Angst haben.			
7. Wir sprechen auch über unsere Beziehung zu Gott.			
8. Die Zärtlichkeit, die mir mein Partner schenkt, ist für mich ausreichend.			
9. Wir kennen unsere beiderseitigen sexuellen Gefühle, Wünsche und Befürchtungen.			
10. Über schwierige Probleme reden wir solange, bis wir beide einen gangbaren Weg sehen.			
11. Wir haben gemeinsame Freizeitinteressen, die auch realisiert werden können, wenn wir einmal Kinder haben oder wenn wir alt sind.			
12. Wir haben geklärt, wieweit jeder von uns persönlichen Interessen allein nachgehen kann.			
13. Wir sehen einen Weg, wie wir gesellschaftliches Engagement und Ehe- bzw. Familienleben vereinen können.			
14. Die Beziehung zu den eigenen Eltern ist für unsere Partnerschaft kein Problem.			
15. Die Familie meines Partners kann ich voll akzeptieren.			

4. Partnerbegleitung

Im Unterschied zu der vorher erwähnten Möglichkeit handelt es sich hier um ein offizielles Angebot der Pfarrgemeinde. Junge Paare, die an eine Eheschließung denken oder sie irgendwann zumindest für möglich halten, sollen das Gefühl haben, daß sie in dieser Situation von der Kirche ernstgenommen werden. Sie sollen sich als Paar in der Gemeinde wohlfühlen können.
Das größte Problem, das dabei zu lösen ist, besteht in der Schwierigkeit, junge Paare in der beschriebenen Situation zu erreichen, um sie einladen zu können. Dazu sind wahrscheinlich viele Gespräche unter den aktiven Gemeindemitgliedern nötig. Es gilt herauszufinden, wer hier eine Vermittlerfunktion übernehmen kann.
Eine zumindest am Anfang ebenso große Schwierigkeit besteht darin, Ehepaare zu finden, die sich für eine solche Tätigkeit zur Verfügung stellen. Es soll sich nicht um »Experten« handeln, also um berufliche Eheberater oder Religionslehrer oder sonstige Spezialisten. Diese Paare erheben daher auch nicht den Anspruch, zum Beispiel medizinische Informationen zu geben oder die Lehre der Kirche authentisch zu verkünden oder in ähnlicher Weise als Fachleute aufzutreten. Was sie sind, ist aber sehr viel: Christliche Ehepaare, die aus ihrer eigenen Erfahrung bereit sind, mit jungen Partnern wichtige Fragen des gemeinsamen Lebens zu besprechen, wobei der gesunde Menschenverstand, das praktische Lebenswissen und die Beachtung der Realität im Vordergrund stehen.
In jeder Gesprächsgruppe sollten zumindest zwei Ehepaare sein; ein Paar allein wird leicht in die Rolle eines Idealmodells gedrängt, was selbstverständlich belastend wäre.
Eine Pfarrgemeinde, die sich darauf einläßt, tritt nicht in Konkurrenz zu den offiziellen Ehevorbereitungen der Kirche. Aber dieses neue Element in der Palette der Angebote zur Ehevorbereitung kann eine große Bereicherung sein:

- Es gibt jungen Partnern die Chance, in einer privaten Atmosphäre von dem zu sprechen, was ihnen im Hinblick auf eine gemeinsame Zukunft wichtig ist.
- Es gibt christlichen Ehepaaren die Möglichkeit, in der Kirche einen Dienst zu leisten, der für die Lebenserfüllung junger Menschen eine große Bedeutung haben kann.
- Es ist geeignet, in den Gemeinden ein lebendigeres Gefühl von Gemeinschaft entstehen zu lassen.

Der erste Schritt: Ehepaare, die sich auf diese Tätigkeit einlassen wollen, besprechen den Plan mit den entscheidenden Personen und Gremien in der Pfarrgemeinde, damit sie sich von der Kirche getragen und unterstützt fühlen können.
Der zweite Schritt: Es wird überlegt, wie man die Einladung an junge Paare herantragen kann. Am besten erstellt man selber einfache Prospekte, die allerdings nie ein Ersatz für die persönliche Einladung sein können. Sie enthalten aber das Angebot in schriftlicher Form, so daß die Eingeladenen ruhig darüber nachdenken können.
Der dritte Schritt: Mit den interessierten Paaren wird ein Termin für das erste Gespräch vereinbart. Ob man sich in einer Wohnung oder im Pfarrheim trifft, ist vorher von den Ehepaaren zu klären.

Das erste Gespräch

Am Anfang – nach der Begrüßung und einer persönlich gehaltenen Vorstellung – steht das Angebot der Ehepaare, das sie als Vertreter der Kirche machen:
- Wir sind bereit, über alles zu sprechen, was euch im Hinblick auf Ehe und Familie wichtig erscheint.
- Vorrang haben eure Fragen an uns; eure Meinungen, über die ihr diskutieren möchtet; eure Wünsche bezüglich der äußeren Bedingungen weiterer Gespräche (wo, wie oft, wie lange).

- Wir wollen in diesen Gesprächen nicht einen bestimmten »Stoff« durchnehmen, wir können uns aber auch aus einer schriftlichen Unterlage Anregungen holen (z.B. Bernhard Liss, Glaube – Hoffnung – Ehe, Echter Verlag Würzburg).
- Vorschlag für den konkreten Beginn: Schreibt bitte einzeln auf je ein Blatt Papier, welche Fragen für *euch* interessant wären. *Wir* schreiben inzwischen auf, was uns – soweit wir uns erinnern – vor unserer Eheschließung wichtig war.
- Aus dem Ergebnis wird ein Punkt ausgewählt und gleich besprochen.
- Am Ende werden folgende Punkte vereinbart:
  Wann treffen wir uns das nächstemal?
  Wo treffen wir uns?
  Wie lange nehmen wir uns dabei Zeit?

Die weiteren Gespräche

- Es kann sein, daß es in einer Gruppe nur zu zwei oder drei Gesprächen kommt; es kann sein, daß man sich durch mehrere Monate hindurch immer wieder trifft. Die Wünsche der jungen Partner haben Vorrang.
- In den Gesprächen sollten die Jungen schon zu Beginn das erste Wort haben. Wenn sie nicht wissen, was sie sagen sollen, ist es Sache der Ehepaare, zunächst nur die Fragestellungen bzw. das Problem möglichst klar zu formulieren. Dann sollten die Jungen das Wort haben.
- Die Ehepaare sollen ihre Meinung dann auch offen sagen, allerdings in Respektierung anderer Meinungen und nie belehrend.
- Es ist nicht nötig, daß jede Frage eine für alle befriedigende Antwort erhält. Gerade wenn manches offen bleiben muß oder verschiedene Meinungen nebeneinander stehenbleiben, erleben die jungen Leute ein Stück Lebensrealität.

Begleitung

Wer sich auf eine solche Tätigkeit einläßt, wird auf Probleme stoßen. Deshalb brauchen die Ehepaare erfahrene Gesprächspartner, mit denen sie auftauchende Schwierigkeiten besprechen können. Dafür eignen sich in erster Linie Eheberater oder Seelsorger, die sich in Fragen der Gesprächsführung weitergebildet haben. Um diesen Dienst zu vermitteln, wird die Pfarrgemeinde normalerweise Kontakt mit kirchlichen Stellen auf anderer Ebene aufnehmen müssen. Die Initiatoren sollen auf jeden Fall wissen, daß sie das Recht haben, bei dieser Aktivität vom diözesanen Familienreferat unterstützt zu werden.

II. Hochzeit feiern

A) Inhaltliche Ziele

1. Von der Verliebtheit zur Liebe

Am Beginn einer erotischen Beziehung besteht normalerweise das starke Gefühl der Zuneigung, verbunden mit dem heftigen Wunsch, die Gunst gerade dieses Menschen zu erringen, um die Nähe mit ihm genießen zu können; mit einem Wort, die Verliebtheit. Dabei kommt ein seelischer Mechanismus in Gang, der vom Betroffenen nicht durchschaut wird: Die eigenen unbewußten Erwartungen an die Person eines andersgeschlechtlichen Partners werden in den konkreten Menschen, den man gefunden hat, hineingelegt. Es entsteht dann die Überzeugung, daß dieser Mensch im großen und ganzen so ist, wie ich es ersehne.
Im Laufe der Zeit stellt sich heraus, daß sich manches anders als erwartet entwickelt. Nicht selten werden dann dem ehemals geliebten Partner heftige Vorwürfe gemacht, weil er nicht so ist, wie er sein soll. Tatsächlich vollzieht sich jene notwendige Veränderung, in der Schritt für Schritt die Wunschträume ersetzt werden durch die Wirklichkeit. Im Laufe dieser Entwicklung gehen viele Beziehungen auseinander.
Wenn der Entschluß, ein gemeinsames Leben anzustreben, trotz aller Enttäuschungen erhalten bleibt, ist es notwendig, den Weg von der Verliebtheit zur Liebe zu durchschauen, bevor die Beziehung endgültig besiegelt wird. Die Liebe entsteht dort, wo man den Partner einigermaßen so erkennt, wie er wirklich ist, und ihn trotzdem bejaht, mit seinen guten Seiten und mit seinen Schwächen. Wird diese Erkenntnis versäumt, kann das heimtückische Bestreben

entstehen, den Partner so zu verändern wie man ihn haben möchte, also die Wirklichkeit der Wunschvorstellung anzugleichen. Die möglicherweise tragischen Konsequenzen liegen auf der Hand.

2. Verschiedene Familientraditionen durchschauen

Das Verhalten eines Menschen ist nur selten von bewußter Überlegung bestimmt. Das meiste geschieht gleichsam automatisch, so wie man es sich im Laufe der Jahre angewöhnt hat. Die wichtigsten Verhaltensweisen im Umgang mit anderen Menschen lernt man in der Kindheit, und zwar von den Personen, mit denen man beim langsamen Großwerden zusammenlebt. Die Eltern haben dabei eine besonders wichtige Bedeutung.
Wenn nun zwei Partner ein gemeinsames Leben aufbauen wollen, sollten sie bedenken, in welchen Traditionen sie ihre Entwicklung durchgemacht haben. Es ist zu vermuten, daß vieles von dem, was in der Herkunftsfamilie üblich war, das unbewußte Tun und Lassen durch und durch prägt.
Es ist allerdings nicht leicht, die Zusammenhänge zwischen der Familientradition und dem gegenwärtigen eigenen Verhalten zu durchschauen. Besonders jene Menschen haben dabei Schwierigkeiten, die sich bewußt vom Stil der eigenen Familie absetzen wollen. Wenn sie entdecken, daß bei ihnen tatsächlich manches ähnlich ist wie beim Elternteil, den sie eigentlich ablehnen, sind sie zunächst verwirrt, und es wehrt sich auch normalerweise etwas gegen diese Erkenntnis. Aber das Sehen-Wollen solcher Zusammenhänge ist die notwendige Voraussetzung für die Möglichkeit, das eigene Verhalten zu ändern und eine neue Familientradition zu entwickeln.
Wer sich gegen diese Erkenntnis wehrt, gefährdet unter Umständen die Möglichkeit, sich mit der andersartigen

Familientradition des Partners auseinanderzusetzen und einen Weg zu finden, den beide für die Zukunft bejahen können. Besonders solche Partner, die aus sehr unterschiedlichen Traditionen kommen, sollten nur dann heiraten, wenn sie wenigstens eine Ahnung von der nachhaltigen Wirkung haben, die ihre Herkunftsfamilie für das eigene Verhalten hat.

3. Konfliktregelung ansatzweise

So wie man früher Konflikte nicht wahrhaben wollte, weil man als Ideal ein völlig harmonisches Zusammenleben hatte, so wird heute gelegentlich leichthin gesagt, daß Konflikte selbstverständlich zum Leben gehören. Was das aber tatsächlich bedeutet, wird kaum begriffen. Man spricht von der Selbstverständlichkeit der Konflikte, weil das eben modern ist.

Der menschenwürdige Umgang mit Konflikten verlangt manche Einsicht und auch eine gewisse Einübung, die nicht einfach von selber gegeben ist; denn humane Konfliktregelung ist in den meisten Familien eben nicht üblich.

Wo mehrere Menschen miteinander zu tun haben, gibt es Konflikte, weil sie verschiedene Meinungen, Wünsche, Bedürfnisse haben, die nicht ohne weiteres zur Übereinstimmung gebracht werden können. Über einfache Konflikte geht man leicht hinweg, weil man sie nicht als bedrohlich empfindet. Dann allerdings fehlt auch die Fähigkeit zu einer humanen Regelung von Konflikten, wenn es um Probleme geht, die tief ins Gemütsleben eingreifen, z.B. wenn die unterschiedliche Einstellung des Sohnes zur Mutter und der Partnerin zur Schwiegermutter Turbulenzen verursachen. Meistens werden sachliche Momente vorgeschoben, um der eigentlichen Auseinandersetzung, die sich auf der Beziehungsebene abspielen müßte, auszuweichen. Als Beispiel kann man auch an notwendige Vereinbarungen denken, die zwischen heiratswilligen Partnern getroffen werden müssen, wenn es um die Übereinstimmung von gemeinsamem Leben und der für ein Hobby notwendigen Zeit geht. Nur wenn schon in gewissem Maße die Bereitschaft und die Fähigkeit besteht, solche Konflikte gemeinsam zu bearbeiten, ist zu erwarten, daß sich diese Bereitschaft und die entsprechende Fähigkeit im Laufe der Ehe weiterentwickeln.

4. Die Familie des Partners akzeptieren

Das starke Gefühl von gegenseitiger Liebe kann bei jungen Paaren dazu führen, daß sie sich wie auf einer Insel fühlen. Die Umwelt erscheint nicht mehr wichtig. Die Realität des Lebens verlangt aber auch äußere Umstände, die eine Ehe leben lassen. Besondere Bedeutung kommt den Menschen zu, mit denen man in Verbindung steht.
Dabei dürfen auch die Personen nicht vergessen werden, mit denen man zusammengehört, ohne daß man sich diese Verbindung aussuchen konnte, eben die Familien beider Partner. Man muß ja nicht zu jedem Familienangehörigen eine besonders freundschaftliche Beziehung haben. Es ist aber andererseits zu überlegen, ob nicht tatsächlich freundschaftliche Verbindungen aufgebaut werden können. Manchmal hat es in der Zeit des gemeinsamen Heranwachsens heftige Konkurrenzkämpfe gegeben. Nicht selten entwickelt sich eine solche Beziehung zu einem sehr vertrauensvollen Kontakt.
In der Liebe fühlt man sich motiviert, dem geliebten Partner auch Dinge zu sagen, die andere Menschen nichts angehen. So kann unter Umständen auch über Schwierigkeiten mit der eigenen Familie gesprochen werden. Wenn der Partner aber die eigene Kritik verstärkt, empfindet man dies in der Regel als ungehörig. Auf diese möglichen, scheinbar unlogischen Reaktionen sollte man gefaßt sein.

Mit der Familie des Partners wird man immer wieder zu tun haben. Deshalb sollte sich jeder mit allen Personen, die dafür in Frage kommen, in angemessener Weise auseinandersetzen. Auch jene, die eigenartig wirken oder von den meisten abgelehnt werden, gehören dazu. Heiraten heißt auch, zur Familie des Partners in enge Beziehung treten. Das sollte nicht nur ein formeller Akt sein, sondern lebendig vollzogen werden.

5. Gemeinsam glauben

Für das Gelingen einer Ehe spielen viele Faktoren eine Rolle. Man tut gut daran, in allen Lebensbereichen nachzusehen, wie es mit Gemeinsamkeiten und Verschiedenheiten steht. Eine besondere Bedeutung kommt der Überzeugung zu, die zwei Partner von den Grundfragen des Lebens und der Welt haben: Woher kommen wir? Wohin gehen wir? Wer sind wir als Menschen? Weltanschauung oder Glaube sind nicht irgendwelche Details, die auch zum Leben gehören, sondern die Grundlage der Existenz.
Was ein Mensch glaubt, hat Auswirkungen auf das Verhalten in den vielen einzelnen Situationen, in denen er steht. Wer als Christ gläubig ist, wird nicht nur aus Gründen einer gewissen Nützlichkeit die Natur schonen, sondern sich verantwortlich verhalten, weil er in ihr die Schöpfung Gottes sieht, die ihm als Menschen zur Kultivierung anvertraut ist. Menschliche Beziehungen werden für den gläubigen Christen nicht nur deshalb rücksichtsvoll gestaltet, weil man sonst Nachteile zu befürchten hat, sondern weil man sich als Kind Gottes fühlt, der ein Vater für alle Menschen ist und deshalb erwartet, daß jedem gegenüber ein brüderliches oder schwesterliches Verhalten an den Tag gelegt wird.
Damit ist angedeutet, daß es nicht nur um einen flüchtigen Blick auf die jeweilige Kirchenzugehörigkeit geht. Partner,

die sich für das ganze Leben aneinander binden wollen, tun gut daran, über die tieferen Lebensfragen miteinander zu reden, um auch in diesem Punkt zu entdecken, ob das Maß der Gemeinsamkeit genügend groß ist, um die wichtigen Herausforderungen des Lebens bestehen zu können. Das gemeinsam im Gottesdienst gesprochene Glaubensbekenntnis reicht dafür nicht aus. Es muß schon die wirklich persönliche Überzeugung zur Sprache kommen. Partner, die dazu fähig sind, wissen auch, daß ein hohes Maß an Gesprächsfähigkeit bei ihnen vorhanden ist, das ja als die wichtigste Grundlage der Partnerschaft gelten kann.

B) Bereiche pastoraler Tätigkeit

1. Ehevorbereitung offiziell

In den katholischen Diözesen der deutschsprachigen Länder gibt es Veranstaltungen zur Ehevorbereitung, die von der Kirche organisiert werden und zu denen Paare, die heiraten wollen, zumindest dringend eingeladen werden. In nicht wenigen Gebieten gilt die Teilnahme sogar als Pflicht. Diese Veranstaltungen sind sehr unterschiedlich organisiert. Die Verantwortung liegt meistens auf einer Ebene über der Pfarrgemeinde. In manchen Diözesen kann man unterscheiden zwischen Veranstaltungen, die Informationen bieten, und anderen, in denen mit den Teilnehmern gemeinsam bestimmte Themen erarbeitet werden. An manchen Orten gibt es kürzere und längere Kurse. Auch die Unterscheidung nach der Zahl der zugelassenen Teilnehmer spielt häufig eine Rolle. Schließlich gibt es Pflichtveranstaltungen und solche, zu denen sich die

Teilnehmer freiwillig entscheiden müssen, weil sie mehr Einsatz an Zeit und Energie fordern.
Obwohl es sich in der Regel nicht um eine Aufgabe der Pfarrgemeinde handelt, sind auf Seite 46 f die wichtigsten Inhalte einer Veranstaltung zur unmittelbaren Ehevorbereitung zusammengestellt; sie wollen einfach als Orientierung für Personen dienen, die eine solche Aufgabe übertragen bekommen.
Eine Gruppe, die in der Pfarrgemeinde etwas für eine gediegene Ehevorbereitung tun will, findet ganz bestimmte Gegebenheiten vor, die nicht ohne weiteres verändert werden können. Deshalb gilt es zunächst einmal zu entdecken, welche Angebote in erreichbarer Nähe besondere Qualität haben. Dabei spielt die freiwillige Teilnahme eine gewisse Rolle, denn Paare, die nur eine Pflicht erfüllen, können den Bildungsvorgang für die gesamte Gruppe blockieren. Auch die Verwendung aktivierender Methoden ist von Bedeutung, weil sich dadurch die Partner eher ernstgenommen fühlen und mit den Ergebnissen mehr anfangen können. Schließlich ist normalerweise längerdauernden Seminaren der Vorzug zu geben, und zwar einfach deshalb, weil sich in längerer Zeit eher ein wirklicher Bildungsprozeß entwickeln kann.
Dann gilt es Wege zu finden, jenen Partnern, die heiraten wollen, die besseren Veranstaltungen zu empfehlen. Es ist schwierig, junge Menschen zu motivieren, sich auf ein Seminar einzulassen, von dem sie kaum etwas wissen. Es ist auch schwierig, theoretisch zu beschreiben, was dabei vorgeht. Ein besonderes Problem liegt in der Grundeinstellung speziell jener Paare, die sich ihrer Liebe sehr sicher sind: Wozu brauchen wir andere Menschen? Wir verstehen uns gut, und wenn einmal Probleme kommen, müssen wir die sowieso selber lösen.
Vielleicht können jene Paare, die schon Erfahrungen mit Gesprächen über Partnerschaft gemacht haben (vgl. Kapitel I/4), bei dieser Motivierungsarbeit hilfreich sein. Auf

jeden Fall müßten die Verantwortlichen für Familienpastoral dort ansetzen, wo für die meisten jungen Paare die Entscheidung über die Teilnahme an einer solchen Veranstaltung fällt: bei der Anmeldung der kirchlichen Trauung im Büro des Pfarrers.

Wichtige Inhalte der unmittelbaren Ehevorbereitung

1. Ehe als Sakrament
2. Christliche Ehespiritualität
   - Gemeinsam glauben
   - Gemeinsam hoffen
   - Einander lieben
3. Das Gespräch der Ehepartner
   - als gegenseitige Information
   - als Gefühlsausdruck
   - als Selbstmitteilung
   - als Mittel der Konfliktregelung
4. Kultivierte Erotik und Sexualität
   - Sexualität und Liebe
   - Gespräch und Zärtlichkeit
5. Verantwortliche Elternschaft
   - Das Gespräch der Partner über ein Leben mit Kindern
   - Empfängnisregelung als Gewissensfrage
6. Partnerschaftliche Ergänzung als Lebensform
   - Gleichwertigkeit von Mann und Frau
   - Anerkennung der Verschiedenartigkeit
   - Vermeiden von Unterdrückungsmechanismen
7. Stellung zu den Herkunftsfamilien
   - Lösung aus der kindlichen Bindung
   - Anerkennung der Verwandtschaft des Partners
8. Gemeinsamkeiten und persönliche Freiheit
   - Gemeinsame Interessen entdecken und entwickeln
   - Gegenseitig gültige Regeln für das Wahrnehmen eigener Bereiche

9. Die Ehe in der Gemeinschaft
   - Gesellschaftliche Kontakte und Freundschaften
   - Die Bedeutung der christlichen Gemeinde

2. Trauungsgespräch

Diesem festen Bestandteil der ehevorbereitenden Pastoral sollte schon deshalb besonderer Augenmerk geschenkt werden, weil es sich um eine Selbstverständlichkeit handelt, die auf jeden Fall stattfindet. Die Brautleute müssen ja zum Seelsorger kommen, wenn sie kirchlich getraut werden wollen.

Es beginnt bei den äußeren Gegebenheiten. In den allermeisten Pfarrgemeinden muß davon ausgegangen werden, daß es Paare gibt, die mit dem Pfarrhaus nicht vertraut sind. Es lohnt sich deshalb, einmal den Weg eines Paares nachzugehen, der notwendig ist, um die Anmeldung einer kirchlichen Hochzeit zu vollziehen: Wie sieht es mit der Beschilderung aus? Wie klar ist es, wo man läuten muß? Wie sieht der Weg bis zu jenem Raum aus, in dem man schließlich landet? Wie ist die Atmosphäre in diesem Raum? Dies alles sollte man einmal mit den Augen und dem Gefühl fremder Menschen auf sich wirken lassen. Vielleicht ergeben sich dann Veränderungen, die schon längst fällig gewesen wären.

Der Seelsorger ist zum Gespräch mit den Brautleuten verpflichtet, schon deshalb, weil sie das Trauungsprotokoll unterschreiben müssen und dazu einige Erläuterungen notwendig sind. Nicht selten wird heute überlegt, ob man an diesem Punkt der Trauungspastoral mit Verbesserungen ansetzen sollte. Dabei taucht auch der Gedanke auf, Ehepaare in das Gespräch einzubeziehen. Grundsätzlich ist dagegen nichts einzuwenden. Vielleicht haben aber Ehepaare ihren legitimen Platz bei anderen Aktivitäten (vgl. Kapitel I/4). Es hat auch einen Sinn, die Funktion des

Seelsorgers in spezifischer Weise zu sehen. Wenn er diesem Gespräch genügend Aufmerksamkeit widmet, kann es ein wertvolles Element – weit über seine juristische Bedeutung hinaus – im Rahmen der pfarrlichen Ehe- und Familienpastoral sein.

Natürlich muß der Priester zuerst über den Inhalt jener Veranstaltung zur Ehevorbereitung informiert sein, die das betreffende Brautpaar besucht hat. Wenn das nicht gegeben ist, könnte eine entsprechende Frage das Gespräch eröffnen. Grundsätzlich sollte für den Seelsorger klar sein, daß es bei diesem Gespräch nicht in erster Linie um Informationen geht, sondern daß hier die Chance besteht, mit zwei Menschen an einem wichtigen Punkt ihres Lebens in ein persönliches Gespräch zu kommen.

Deshalb ist die wichtigste innere Einstellung: interessiert zuhören. Wenn also eine Bemerkung bei einem der Partner eine Reaktion auslöst, sollte diese möglichst nicht unterbrochen werden. Absichtlich steht »Bemerkung« da und nicht Frage; Fragen haben leicht etwas Bedrängendes an sich. Das Gespräch sollte also so geführt werden, daß die Gäste spüren, sie können von sich reden, sie werden aber nicht zu irgendetwas gedrängt.

In diesem Zusammenhang muß auf die Erfahrung vieler Seelsorger hingewiesen werden, daß die Brautleute kaum etwas von sich sagen wollen. Das ist sicher bei jenen die größere Schwierigkeit, die mit dem Seelsorger nicht persönlich bekannt sind. Die folgenden Punkte für ein Trauungsgespräch sind deshalb als ein Angebot gedacht, aus dem vernünftigerweise das ausgewählt wird, was für das betreffende Paar besonders wichtig erscheint. Wenn sich an einem Punkt ein Gespräch ergibt, ist dies in der Regel wichtiger als ein vollständiges Behandeln aller Punkte.

Die Eheschließung bewußt vollziehen

Inmitten der Beanspruchung durch die vielfachen Hochzeitsvorbereitungen empfiehlt es sich, einen Tag der Ruhe vorzusehen, um noch einmal gemeinsam zu überlegen, was bei der Trauung versprochen wird. Es entspricht dem Ernst der Stunde, den Vermählungsspruch aus einer gründlichen Gesinnung und in voller Überzeugung zu sagen.

Das Besondere der kirchlichen Trauung

- Entscheidung in Freiheit
- für einen Partner
- auf Dauer
- aus Liebe.

Wenn dieser Willensentschluß vom Glauben getragen wird, ist die Ehe Sakrament (zum Verständnis der Ehe als Sakrament vgl. die Ausführungen im Einleitungskapitel »Zum Anliegen dieses Buches«).

Der Trauungsritus

- In einem Wortgottesdienst oder in einer Eucharistiefeier
- Welcher Vermählungsspruch?
- Form des Kommunionempfanges
- Organisatorische Details
- Musikalische Gestaltung
- Persönliche Mitwirkung, z.B. bei der Auswahl der Schriftstellen, der Formulierung der Fürbitten, der Einladung von Freunden oder Verwandten zur Mitgestaltung usw.
- Lokale Traditionen

Beichte als Hochzeitsvorbereitung

Bei vielen muß davon ausgegangen werden, daß der Empfang des Bußsakramentes nicht zur Gewohnheit gehört.

Eine Brücke zum Verständnis der Beichte könnte die Verbindung von gegenseitigem Verzeihen und der Vergebung durch Gott sein. In diesem Zusammenhang sind selbstverständlich die verschiedenen Möglichkeiten anzubieten: Beichte in Form einer Aussprache oder im traditionellen Beichtstuhl.

Glaube und Leben in der Gemeinde

Bei diesem Punkt ist es besonders wichtig, die anwesenden Personen so zu nehmen, wie sie sind. Das äußert sich unter anderem darin, daß nicht ein bestimmter Standard als selbstverständlich vorausgesetzt wird. Es lohnt sich, die Chance herauszustreichen, die bei einer Übereinstimmung in Glaubensfragen gegeben ist. In diesem Zusammenhang sollte auch die Einladung zur Beteiligung am Gemeindeleben ausgesprochen werden.
Wenn nicht Äußerungen der Partner ausdrücklich dagegen sprechen, sollte auch von den Bedingungen die Rede sein, die bei unterschiedlicher Glaubensauffassung ein gutes Zusammenleben ermöglichen:
- die Überzeugung des Partners respektieren
- über Glaubensfragen trotz verschiedener Einstellung sprechen, um den Partner immer besser zu verstehen
- die Praxis bzw. Nicht-Praxis des Partners auf keinen Fall behindern oder kritisieren
- auf gewaltsame Bekehrungsversuche verzichten.

Das Gebet in der Ehe

Die Hemmungen, die beim Seelsorger vorhanden sein können, weil es sich dabei um ein sehr persönliches Thema handelt, sind in den meisten Fällen unbegründet. Von einem Priester erwarten Brautleute, daß er zu einem solchen Thema spricht. Es können die verschiedenen Möglichkeiten eines gemeinsamen Gebets erwähnt werden:

– das stille Gebet
– das Formelgebet
– das freie Gebet

Dabei kann auch gesagt werden, daß ein gemeinsames Gebet der Ehepartner eine gute Voraussetzung für das – später aktuell werdende – Gebet mit den Kindern sein kann.

Wenn der Seelsorger mit dem Brautpaar in ein sehr persönliches Gespräch kommt und spürt, daß sie willens sind, mit ihm über ihre Situation ausführlicher zu reden, kann er ihnen auch weiterführende Gespräche anbieten, in denen Spezialfragen besprochen werden. Als Beispiel seien hier nur die Bereiche »Zwei Familienkulturen« und »Das Gespräch als Mittel der Konfliktregelung« genannt. Die zwei folgenden Blätter zeigen dafür eine methodische Möglichkeit auf, die dabei hilft, den belehrenden Charakter, der sich leicht in ein solches Gespräch einschleicht, zu vermeiden.

ZWEI FAMILIENKULTUREN

Jeder Partner notiert zunächst für sich, welche Erinnerungen bei den einzelnen Fragen auftauchen.

Wie haben wir gewohnt
- Wo konnte ich allein sein?
- Wo waren wir eine Gemeinschaft?

Wie haben wir gelebt
- Wie lief der Beginn eines Wochentages ab?
- Wie wurde gefrühstückt?
- Wie waren die Mahlzeiten geregelt?
- Wie lief es ab, wenn alle gemeinsam bei Tisch waren?

Wie waren unsere Beziehungen
- Wer bildete mit wem eine Koalition?
- Zwischen wem gab es normalerweise Rivalitäten?
- Welchen Ablauf gab es bei Meinungsverschiedenheiten?
- Wem habe ich Persönliches am ehesten erzählt?

Wie waren wir nach außen
- Mit wem hatten wir als Familie Kontakte?
- Wen habe ich in die Familie gebracht?
- Gab es bei uns eine Vorliebe für eine bestimmte Partei?
- Über welche Menschen(gruppen) wurde bei uns eher abfällig geredet?

Dann vergleichen die Partner ihre Aufzeichnungen, erläutern einander, was unklar ist und versuchen anschließend herauszufinden:
- Wo gibt es Übereinstimmungen?
- Wo sind Unterschiede?
- Wie wollen wir unser Leben gestalten?

DAS GESPRÄCH ALS MITTEL DER KONFLIKT-REGELUNG

Durch welche Gesprächsgrundsätze können zerstörende Konflikte vermieden werden?
Kennzeichnen Sie zunächst für sich jene Sätze, denen Sie zustimmen.

1. Reden statt Schweigen.
2. Schwierige Punkte nicht erwähnen.
3. Reden lassen und sich seinen Teil denken.
4. Zuhören, ohne dabei etwas anderes zu tun.
5. Bei Unklarheiten zurückfragen.
6. Sachlich bleiben und nicht von Gefühlen des Partners beirren lassen.
7. Sich diplomatisch ausdrücken und dem Partner die Deutung überlassen.
8. Die eigene Meinung durch das Wort ICH deklarieren und nicht MAN sagen.
9. Wünsche in eine vorsichtige Frage verpacken.
10. Behauptungen immer begründen.

Tauschen Sie nun mit Ihrem Partner das Ergebnis aus. Dann sollten Sie die folgende Aufgabe gemeinsam erfüllen: Versuchen Sie jene Sätze, denen Sie nicht zustimmen können, umzuformulieren.

3. Hochzeitsliturgie

Für die Partner, ihre Familien und Freunde geht es um ein wichtiges Fest. Das ist bei der Gestaltung der Liturgie zu bedenken. Dabei ist zu beachten, daß die häufige Durchführung von festlichen Ritualen – so wie alle Wiederholung – den Gefahren der Routine unterliegt. Aber wer eine Gefahr kennt, ist ihr nicht mehr völlig ausgeliefert.

Zunächst ist die Frage zu klären, wer die Hochzeitsliturgie gestaltet. Traditionell sind es der Priester und ein Organist. Vielleicht kann an diesem Punkt eine Ausweitung geschehen.

Wenn im Trauungsgespräch die Chance genützt wurde, mit den Brautleuten die Details ihres Festes zu besprechen, dann sind sie und jene Personen, die von ihnen eingeladen werden, etwas zu übernehmen, schon zu den Gestaltern zu zählen. Ihre Beiträge müssen allerdings koordiniert werden.

Ist es eine Illusion, daß in einer lebendigen Gemeinde eine Gruppe die Verantwortung für die Gestaltung von Hochzeitsliturgien übernimmt? Der Priester wäre dann nur *ein* Akteur, dessen Beitrag im Gesamten natürlich eine wichtige Rolle spielt. Aber für das Brautpaar und die Hochzeitsgäste wird spürbar, daß hier nicht nur ein beamteter Funktionär einen Ritus pflichtgemäß vollzieht, sondern daß es sich bei der Liturgie um den Ausdruck einer Gemeinschaft handelt. Und diese Gemeinschaft ist nicht eine Herde unvernünftiger Schafe, die von einem einzigen denkenden Hirten geleitet wird, sondern sie wird repräsentiert durch verschiedene Menschen, die einander mit ihren Begabungen ergänzen.

Auch das, was der Priester zu tun hat, kann mit den Anliegen der zwei konkreten Partner verbunden werden. Wenn es im Trauungsgespräch gelingt, auch über die Schriftstellen, die bei der Liturgie verwendet werden sollen, zu reden, ergibt sich vielleicht sogar ein Satz, der das

Brautpaar besonders anspricht. Vielleicht wählen sie diesen Satz auch aus, um die Hochzeitsanzeige durch eine bestimmte Aussage zu akzentuieren. Dieser Satz könnte dann auch ein Leitwort sein, das in der Verkündigung während der Liturgie näher ausgedeutet wird.
Was sich hier so leicht liest, fordert viel Mühe und vielfältigen Einsatz, wenn es Wirklichkeit werden soll. Die Voraussetzung dafür ist immer die Einschätzung der Wichtigkeit einer Hochzeit. Diese aber hängt davon ab, welche Bedeutung dem einzelnen Menschen oder einer einzelnen Familie im Leben der Pfarrgemeinde zugemessen wird.
Für die konkrete Gestaltung werden hier keine detaillierten Hinweise gegeben. Dafür ist genügend einschlägige Literatur erhältlich.

4. Mit Freunden feiern

Die Gestaltung der Hochzeitsfeier nach der kirchlichen Zeremonie ist natürlich individuell verschieden. Meist geht es dabei um ein Fest der beiden Verwandtschaften miteinander, eventuell bereichert um Freunde aus der Jugend. Diesen Charakter der Hochzeitsfeier, der sich in Milieus mit städtischem Lebensstil durchgesetzt hat, sollte man nicht antasten.
Vielleicht kann aber etwas von jenen noch erhaltenen Traditionen gelernt werden, die in überschaubaren Gesellschaften gewachsen sind, wo das Brautpaar vom ganzen Ort gefeiert wird. Manche klagen darüber, daß es sich nur um Äußerlichkeiten handele. Wer aber den Unterschied zu dürren Hochzeitsmählern in der Stadt erfährt, wird sehr nachdenklich und weiß es zu schätzen, wenn viele Menschen die Freude des jungen Paares teilen.
Gewiß geht es zunächst darum, daß die Brautleute erleben, Freunde zu haben, die ihnen nahestehen und auf die sie sich auch in ihrem Leben verlassen können. Diese Perso-

nen werden auf jeden Fall zum Hochzeitsmahl eingeladen sein.
Aktive Mitglieder einer Gemeinde bringen aber bei der Hochzeit häufig auch die Tatsache zum Ausdruck, daß sie sich in der kirchlichen Gemeinschaft zuhause fühlen. Die vielen, denen sie in den pfarrlichen Gruppen und in den verschiedenen Liturgien begegnen, sind eingeladen, am Fest teilzunehmen. Eine Möglichkeit der Verwirklichung besteht darin, unmittelbar nach der Trauungszeremonie vor der Kirche oder in kirchlichen Räumen eine Zeit der Begegnung mit einem Umtrunk und einem einfachen Imbiß vorzusehen. Das Hochzeitsmahl, das für den Kreis der Verwandtschaft vorbereitet ist, findet dann etwas später statt. Rückblickend erzählen die Teilnehmer eines solchen Festes in der Regel von der Begegnung unmittelbar nach der kirchlichen Feier. Dort wurde die große Freude über den Schritt der beiden Partner in ein neues Leben am stärksten spürbar.
Wenn das Brautpaar eine Begleitung, wie sie im Kapitel I/4 beschrieben ist, erlebt hat, kann es sich ergeben, daß die Ehepaare, die sich als Gesprächspartner zur Verfügung gestellt hatten, mit Selbstverständlichkeit zur Hochzeitsfeier eingeladen werden. Sie sind ja inzwischen zu vertrauten Personen geworden, mit denen man Wichtiges durchgesprochen hat. Sie stehen dem Brautpaar in den Stunden dieses Festes möglicherweise näher als enge Verwandte. Die Wirkung auf die Hochzeitsgäste, die bei dieser Gelegenheit ja gesprächsweise von neuen Formen der Ehevorbereitung erfahren, soll in diesem Zusammenhang auch erwähnt werden. Es kann dadurch ein neues Bild von Kirche auch bei jenen entstehen, die mit der liturgischen Gemeinschaft kaum mehr Kontakt haben.
Selbstverständlich kann man so etwas nicht einfach machen und leichthin organisieren. Nur wenn die Begegnung zwischen Ehepaaren und Brautpaaren organisch gewachsen ist, ergibt sich auch die gemeinsame Feier des Festes als

eine Selbstverständlichkeit. Eine Gruppe, die neue Wege der Familienpastoral in der Pfarrgemeinde sucht, kann an diesem Punkt einmal über den Unterschied nachdenken, der sich ergibt, wenn man die traditionelle Hochzeit als Familienfest mit jener Art der Feier vergleicht, bei der die Gemeinde gegenwärtig ist und das frischgebackene Ehepaar spürbar in die vorhandene Gemeinschaft aufnimmt.

III. Ehe leben

A) Inhaltliche Ziele

1. Glaubensgespräch und Gebet

Im Laufe der Jahre zeigt es sich, daß viele scheinbar kleine Entscheidungen des Ehepartners eine Konsequenz aus der grundsätzlichen Überzeugung sind. Daher wird es im Laufe einer Ehe immer wichtiger, zu einem Gespräch über den persönlichen Glauben zu kommen. Damit ist nicht theologische Diskussion gemeint, sondern die Offenheit füreinander, die sich nicht scheut, auch sehr persönliche Meinungen, Zweifel und Gefühle zu offenbaren.
Wenn dies gegenseitig möglich ist, können die Partner einander auch dann besser verstehen, wenn ein Verhalten der eigenen Auffassung widerspricht; es ist ja dann verständlich, warum der andere so handelt.
Ein Paar, das zum Glaubensgespräch kommen will, muß aber notwendigerweise Kommunikation überhaupt lernen. In jeder Partnerschaft wird ja die Erfahrung gemacht, daß man aneinander vorbeiredet. Entscheidend ist, ob zwei Menschen, die sich verständigen wollen, das nicht einfach hinnehmen; sie werden vielmehr daran arbeiten, sich einerseits selbst so auszudrücken, daß der Partner verstehen kann, was gemeint ist, und andererseits so aufmerksam zuzuhören und gegebenenfalls nachzufragen, daß man eine Äußerung möglichst so verstehen kann, wie sie gemeint ist.
Weil bei diesem Lernprozeß die Gefühle eine besondere Rolle spielen, brauchen manche Menschen, die in einer Familie aufgewachsen sind, in der es nicht üblich war, Gefühle auszudrücken, Hilfen, um diese Seite zu entwikkeln. Wenn den Gefühlen nicht genügend Beachtung ge-

schenkt wird oder wenn sie abgewertet werden, besteht die Gefahr, daß man bei Sachproblemen in ein auswegloses Streiten gerät; jeder Partner hat den Eindruck, ihm geschehe unrecht, weil er ja beweisen kann, daß seine Auffassung richtig ist.
Kultiviertes Gespräch und Glaubensgespräch haben also miteinander etwas zu tun. Wenn das Glaubensgespräch gelingt, dann ist auch ein weiterer Schritt möglich, nämlich der persönliche Ausdruck im gemeinsamen Gebet. Es ist wichtig, den Zusammenhang von offener Kommunikation und Gebet zu sehen, damit die religiöse Praxis nicht in der Luft hängenbleibt.

2. Kultur der Erotik

Die Verwirklichung von Gemeinsamkeit, die im Anspruch der Ehe als Sakrament liegt, verlangt nicht nur das Bemühen um möglichst offene Kommunikation, sondern auch die gemeinsame Entfaltung des Talentes Erotik-Sexualität. Damit ist die Zielvorstellung schon akzentuiert: Trotz aller Angst vor der Sexualität, die unsere Kultur kennzeichnet, gehört es zu einem christlichen Ehestil, dieses besondere Geschenk Gottes zu einer Kraft werden zu lassen, die eine Partnerschaft auch über schwierige Phasen tragen kann.
Damit ist nicht eine übertriebene Sexualromantik gemeint, sondern vor allem die bewußte und geduldige Pflege der Zärtlichkeit. Was als Sexualstörung empfunden wird, entpuppt sich meistens bei näherem Hinschauen als Symptom für eine Problematik im partnerschaftlichen Zusammenleben; häufig sind sich die Partner der gegenseitigen Liebe nicht mehr sicher. In Ehen mit kultivierter Zärtlichkeit ist eine solche Unsicherheit aber so gut wie nie zu finden. Die Erotik gibt eben die Möglichkeit, daß die Zuneigung des Partners unmittelbar erlebt wird.
Eine kultivierte Erotik wächst aber in keiner Ehe von

selbst. Normalerweise flaut die erste Verliebtheit ab, und das Bedürfnis, die Liebe zum Partner spontan auszudrükken, wird geringer. An diesem Punkt ist es wichtig, daß eine bewußte Pflege von Zärtlichkeiten einsetzt, ebenso wie das Gespräch mit dem Partner nicht nur dann geschehen darf, wenn man sich spontan dazu gedrängt fühlt. So widerspruchsvoll es auch klingen mag: Partner, die ihre Zärtlichkeit so pflegen, daß sie zu einer festen Gewohnheit wird, erleben ein Höchstmaß an spontaner Zuwendung. Sie sind dadurch auch am ehesten immun gegen die großen Feinde einer beglückend gelebten Sexualität: die Sexualfeindlichkeit alter Prägung auf der einen Seite und der Leistungsdruck der sogenannten sexuellen Befreiung auf der anderen Seite.
Ist Zärtlichkeit zu einem festen Bestandteil des Zusammenlebens der Partner geworden, braucht nicht mehr darüber geredet zu werden, daß Sexualität ein Ausdruck der Liebe sein kann und daß dies etwas mit dem Glauben zu tun hat.

3. Freundschaften leben

Der innere Bereich der Ehe kann vertrocknen, wenn den Partnern keine Kraft von außen zuwächst. Neben der besonderen Ehebeziehung braucht jeder Partner auch andere menschliche Kontakte. Hier soll im besonderen an Freundschaften mit Paaren gedacht werden. Sie können für die Ehe eine große Bereicherung bedeuten; man muß aber wissen, daß sie nicht gratis zu haben sind. Wer aus einer Freundschaft etwas gewinnen will, muß auch etwas investieren.
Ein Ehepaar tut gut daran, darüber nachzudenken, ob es unter den vielen Bekannten auch Freunde hat. Für nicht wenige Ehen liegt der entscheidende Punkt in den ersten Jahren nach der Hochzeit. Man war soviel mit wichtigen

Dingen des gemeinsamen Lebens beschäftigt, daß man vergessen hat, die vielfältigen Verbindungen aus der Jugendzeit weiterzupflegen.
Freundschaften müssen einem nicht einfach in den Schoß fallen. Man kann sie bewußt suchen, entwickeln und pflegen. Es ist auch möglich, die Gemeinschaft mehrerer Ehepaare gleichsam zu institutionalisieren. Überall in der Kirche wachsen Gruppen von Ehepaaren, die sich regelmäßig treffen. Manche dieser sogenannten Familienrunden bleiben über einige Jahre bestehen, andere sind über Jahrzehnte stabil und tragen auch die Krisen einzelner Paare in den verschiedenen Phasen ihres Lebens mit. Ehepaare sollten wissen, daß sie keine Organisation brauchen, um solche Gruppen zu finden. Wenn in der eigenen Pfarrgemeinde so etwas nicht vorhanden ist, haben sie die Möglichkeit, eine derartige Gruppe neu zu beginnen. Es ist nur wichtig, daß man bei den anderen vier oder fünf Paaren, die zu einer solchen Gemeinschaft eingeladen werden, bedenkt, ob man mit ihnen gut reden kann. Alle anderen Gesichtspunkte sind demgegenüber zweitrangig.

4. Freiheit trotz Gemeinsamkeit

Ein altes Eheideal, das von der totalen Verschmelzung der Partner ausgeht, hatte kein Verständnis für die Freiheit eines verheirateten Menschen. Demgegenüber muß aber betont werden, daß jemand, der eine Ehe geschlossen hat, seine eigene Persönlichkeit nicht ablegt.
Jeder Mensch hat auch Begabungen, die sich nicht mit den Neigungen des Partners decken und die deshalb nicht gemeinsam entwickelt werden können, sondern einen Freiraum brauchen. Es ist schwierig, über diese Spannung konkrete Aussagen zu machen, weil die Balance zwischen Freiheit und Gemeinsamkeit von Ehe zu Ehe verschieden ist und selbst innerhalb der einzelnen Ehe sich im Laufe der

Jahre verändert. Deshalb ist es von Bedeutung, daß die Partner lebendig bleiben und bei veränderten Verhältnissen einander auch offen fragen: Hast du genügend Gemeinsamkeit mit mir? Fühlst du dich genügend frei oder empfindest du deine Situation als eingeengt? Wenn ehrliche Gespräche möglich sind, kann eine Kurskorrektur vorgenommen werden, indem ein Kompromiß gesucht wird, dem beide zustimmen können.
Für diesen Bereich des Lebens ist ein entsprechendes gesellschaftliches Klima von besonderer Bedeutung, das die Freiheit des einzelnen Ehepartners zuläßt.

5. Gesellschaftliches Engagement

Die Gemeinschaft lebt von den Talenten der einzelnen Mitglieder. Niemand darf nur empfangen wollen, wenn er nicht ein Schmarotzer sein will. Eine Pfarrgemeinde bietet das Betätigungsfeld für alle nur denkbaren Talente.
Für Ehepaare gilt es zu überlegen, ob sie sich als Ehepaar engagieren können. Die entsprechenden Möglichkeiten bestehen vor allem in der Ehevorbereitung, aber auch in einer Mitwirkung bei den verschiedenen pastoralen Initiativen für Ehe und Familie.
Darüberhinaus ist bei Eheleuten das Bewußtsein wichtig, wie sehr jedes gesellschaftliche Engagement auch den Partner und die Kinder betrifft. Es bedeutet deshalb eine gute Entwicklung, wenn es üblich wird, daß vor der Übernahme einer Funktion das ausgiebige Gespräch zuhause gesucht wird. Wer darüber lächelt – was in erster Linie bei Männern vorkommt –, sollte durch das gute Beispiel partnerschaftlichen Verhaltens zu einem Umdenken veranlaßt werden. Zur ehelichen Verantwortung gehört nicht nur die Bereitschaft, sich in der Gemeinschaft einzusetzen, sondern auch die Verpflichtung, dort Grenzen zu setzen und nein zu sagen, wo Ehe und Familie Schaden leiden können.

6. Familienkultur

Was Kinder an Lebenswissen und an gepflegter Lebensart mitbekommen, verdanken sie in erster Linie ihren Eltern. Aber nicht die Anweisungen, die ihnen gegeben werden, sondern das lebendige Beispiel, das sie im Zusammenleben in den Jahren der Kindheit und Jugend erfahren haben, ist entscheidend.

Da nicht erst dann, wenn Kinder da sind, eine Kehrtwendung vollzogen und ein beispielhaftes Zusammenleben angezielt werden können, muß von Anfang an das gemeinsame Leben bewußt gestaltet werden. Dabei gilt es, die mitgebrachten Familientraditionen zu prüfen und in ausgiebigen Gesprächen Wege zu suchen, die beide bejahen können. Besonders ein dominierender Partner muß aufmerksam sein, um zu bemerken, ob mit der von ihm vorgegebenen Lebensart auch genügend Zufriedenheit auf der anderen Seite möglich ist. Das fordert viel Einfühlungsvermögen, weil das Gefühl »nur das Beste zu wollen« oder die Überlegung »im Recht zu sein« so stark im Vordergrund stehen kann, daß andersartige Bedürfnisse kaum eine Chance haben, an die Oberfläche zu kommen.

Es gibt keinen Standard für Familienkultur und keine detaillierten Richtlinien, wie sie auszusehen hat. Kultur ist die Gestaltung des Lebens durch den Menschen und in der Ehe eben durch zwei Menschen, und zwar so, daß sich beide in den Gewohnheiten, die sie entwickeln, wohlfühlen können. Weil das Wort Kultur häufig nur für besondere künstlerische Belange gebraucht wird, ist es notwendig, sie mit dem gewöhnlichen Leben zusammenzubringen, damit jeder Mensch seine Gestaltungskraft entdecken kann.

Hier nur einige Stichworte für den Alltag, um zu zeigen, wo Kultur nötig ist: die Art des Weckens, der Morgengruß, die Zeit für das Morgenritual, das Frühstück, die Aufteilung der Hausarbeit, die Tischgestaltung, der Beginn des Essens, das Tischgebet, die Gespräche bei Tisch, wann etwas mitgeteilt wird, wie man dem Partner zuhört, das Verhalten bei Verärgerungen, der Gesprächsstil bei Meinungsverschiedenheiten, Einigung über den Gebrauch des Fernsehapparats, der Gebrauch des Telefons, wie ein Tag abgeschlossen wird, Platz für das Abendgebet. Diese Aufzählung läßt sich fortsetzen, wenn man an Stichworte wie Sonntag, festliche Gelegenheiten, Urlaub, Finanzen usw. denkt.

B) Bereiche pastoraler Tätigkeit

1. Familienrunden

Wie schon erwähnt (III. A/3), kann jedes Ehepaar die Initiative für die Bildung einer Ehepaargruppe ergreifen. In der Praxis ist es aber nötig, daß Anregungen dafür gegeben werden. Das heißt nicht, daß man solche Runden organisieren soll. Eine Familienrunde ist eher wie ein Organismus, der den Gesetzen des Wachstums unterliegt. Organisches Wachstum kann aber sehr wohl gefördert werden, und wo die Förderung ausbleibt, ist häufig auch Wachstum nicht möglich.
Eine hoffnungsvolle Anknüpfung ist dort gegeben, wo intensive Ehevorbereitung geschieht. Dies ist vielleicht nicht unmittelbar nach der Hochzeit der Fall, sollte aber nicht allzu spät nach einer gewissen Phase, in der die Partner sehr stark aufeinander bezogen sind, in Angriff genommen werden. Das gilt meistens auch dort, wo nach einer längeren Zeit des Zusammenlebens geheiratet wurde.
Die Anregung, Ehepaargruppen zu bilden, kann darüber-

hinaus überall gegeben werden, wo im pfarrlichen Leben Begegnung geschieht. Häufig wird es notwendig sein, daß sich jemand mit einem interessierten Paar zusammensetzt, um über die Möglichkeiten konkret zu reden. Dann aber muß dieses Paar selbst aktiv werden. Wenn zwei Paare zusammengefunden haben, müssen alle vier beteiligten Personen einverstanden sein, ein konkretes drittes Paar anzusprechen. Dieser Vorgang dauert unter Umständen längere Zeit; er ist aber die beste Voraussetzung dafür, daß eine solche Runde dann leben kann.

Familienrunden sind in der Kirche von selber entstanden. Man hat sie vorgefunden und anfangs nicht einmal genau gewußt, was man damit tun soll, weil die Anregung nicht von der Leitung der Kirche gekommen ist. Die Ursachen, die zu diesem Phänomen geführt haben, sollten überdacht werden, weil sie auch heute von Bedeutung sind.

Da war zunächst eine neue Art von Glaubensverständnis. Man hat gespürt, daß die alte Katechismusformulierung nicht mehr den Herausforderungen des Lebens entsprach: alles für wahr halten, was Gott geoffenbart hat und was die katholische Kirche zu glauben lehrt. Glaube wurde vielmehr als eine Entscheidung für Jesus Christus verstanden mit der Bereitschaft, ihm nachzufolgen, wobei das, was er gesagt hat, in dieser Entscheidung eingeschlossen ist. Ein solcher Glaube verlangt aber gegenseitige Stärkung.

Paare, die sich zusammengeschlossen haben, machten die Erfahrung, daß eine Gruppe Kräfte entwickelt, die nicht einfach die Summe jener Kräfte darstellen, die von den einzelnen Personen kommen. Die Gemeinsamkeit hat ein Gefühl von Geborgensein vermittelt, das es dem einzelnen Ehepaar dann leichter macht, in einer Welt zu leben, in der sich alte Ordnungen aufgelöst haben.

Schließlich hat sich eine Veränderung im Bewußtsein verheirateter Menschen dahingehend entwickelt, daß man auch außerhalb des Hauses als Paar auftreten wollte im Gegensatz zur früheren Vorstellung, daß die Frau im Hause zu bleiben hat und nur der Mann außer Haus eine Funktion haben kann. Diese Entwicklung hängt auch mit der Neuentdeckung der Ehe als Sakrament zusammen. In der Folge bestand ein beglückendes Erlebnis für viele Ehepaare darin, daß sie mit anderen über ihre Ehe reden konnten, also nicht wie früher, als nur Frauen mit Frauen über einschlägige Fragen gesprochen haben und Männer, wenn überhaupt, nur primitive Witze machen konnten.

Jede Gruppe ist autonom und muß sich daher auch ihre eigenen Regeln erarbeiten. Die Hilfe, die von außen möglich ist, besteht unter anderem darin, Erfahrungen weiterzugeben, damit nicht alte Fehler immer wieder neu gemacht werden müssen: Höchstzahl sechs Paare; man trifft sich etwa monatlich reihum in den Wohnungen; ein Thema wird jedesmal vorher vereinbart; der Zeitrahmen für das »offizielle« Gespräch ist festgelegt; eine einfache Bewirtung inklusive Finanzierung wird vereinbart.

Die Pfarrgemeinde muß die Familienrunde als einen Organismus betrachten, der seinen Zweck in sich selbst hat. Die Familienrunde ist eine kleine Zelle der Kirche. Wenn der Gedanke auftaucht, so eine Gruppe müsse ihre Berechtigung dadurch nachweisen, daß sie sich an bestimmten Aktionen beteiligt, ist Vorsicht geboten. Selbstverständlich ist damit zu rechnen, daß die Glieder einer solchen Ehepaargruppe auch aktiv werden. Das kann in verschiedener Weise geschehen. Oft braucht eine solche Entwicklung aber einige Zeit. Forderungen können zu einer Entfremdung führen.

Klargestellt werden muß auch die Rolle, die der Seelsorger haben kann. Einzelne Priester sind Mitglieder solcher Runden. Dann sind sie nicht Leiter, sondern gehören dazu wie jedes Ehepaar. Das heißt aber auch, daß sie sich in der gleichen Weise öffnen, wie die anderen. In vielen Runden wird der Seelsorger als Gast eingeladen, wenn einschlägige Fragen zu besprechen sind. Das hat den Vorteil, daß damit keine Arbeitsüberforderung geschehen kann, denn manche

Pfarrer wehren sich gegen die Errichtung neuer Gruppen, weil sie meinen, überall anwesend sein zu müssen und vor dem übervollen Terminkalender erschrecken.
Die Auswahl von Themen ist meistens kein Problem. Wenn etwa im September beim ersten Treffen nach der Sommerpause die Frage gestellt wird, was die einzelnen Mitglieder der Runde für die kommenden Monate wünschen, taucht eine solche Fülle von Ideen auf, daß man auswählen muß, um bis Juni einigermaßen durchzukommen. Auch spezielle Unterlagen sind meistens nicht nötig. Zeitschriftenartikel, interessante Stellen in Büchern, aktuelle Ereignisse usw. bieten Anknüpfung genug. Es reicht, wenn ein Mitglied der Runde die notwendigen Fragestellungen erarbeitet. In der Gruppe sollen ja keine großartigen Informationen weitergegeben werden; es kommt in erster Linie darauf an, daß Erfahrungs- und Gedankenaustausch geschieht und die Teilnehmer aus der Bereicherung, die sie einander schenken können, Kraft für ihr eigenes Leben gewinnen. Wenn einzelne Gruppenmitglieder Weiterbildung mitmachen, bei denen sie methodisch etwas lernen, kann das natürlich für die ganze Gruppe wertvoll sein. Auf den Seiten 70 und 71 finden sich zwei einfache Beispiele, wie Themen behandelt werden können.
Wenn eine Familienrunde Konflikte erlebt, mit denen sie nicht zurechtkommt, sollte aus der Pfarrgemeinde Hilfe vermittelt werden. Die diözesanen Familienreferate müssen in der Lage sein, hier beizustehen. Wenn z.B. ein Eheberater oder Erwachsenenbildner bei zwei, drei Zusammenkünften anwesend ist, ist es oft möglich, verdeckte Probleme aufzuarbeiten und soviele Impulse zu geben, daß die Runde wieder allein weiterarbeiten kann.
Von selbst ergibt sich eine Entwicklung, die von fast allen berichtet wird: Am Anfang ist man relativ scheu und hat Angst, daß persönlichere Aussagen weitererzählt werden könnten; nach einiger Zeit aber ist dieses Problem von selber verschwunden. Das Vertrauen wächst einfach.

Ebenso selbstverständlich ist die Ausweitung der Kontakte von den regelmäßigen Treffen auf sonstige gesellschaftliche Begegnungen und gegenseitige Hilfeleistungen. Besonders bei Wochenendgestaltungen bedeutet die Familienrunde für die Kinder der verschiedenen Paare eine große Bereicherung.
Da jede Gruppe für sich lebt, ist es Aufgabe der Pfarrgemeinde, Angebote für einen Austausch zwischen den Gruppen zu machen. Das kann konkret so aussehen, daß gelegentlich – einmal oder zweimal im Jahr – die verschiedenen Runden zu einem gemeinsamen Familienkreis eingeladen werden. Diese Veranstaltung, die meistens in pfarrlichen Räumen stattfindet, muß vorbereitet werden, wie jede größere Veranstaltung; sie kann auch offen sein für Neue, die an dieser Art von Gruppenbildung interessiert sind.

IN FREIHEIT MITEINANDER LEBEN

Wie müssen Partner sein, damit dies möglich ist?
Kennzeichnen Sie die sechs wichtigsten Punkte!
(Die hier angeführten 30 Eigenschaften wurden in einer Runde gesammelt; es ist zu überlegen, ob ein eigener Katalog von den Teilnehmern der betreffenden Gruppe erstellt werden soll.)

1. tolerant
2. taktvoll
3. großzügig
4. vertrauenswürdig
5. flexibel
6. verständnisvoll
7. selbstbewußt
8. offen
9. ehrlich
10. anpassungsfähig
11. verläßlich
12. pünktlich
13. nicht eifersüchtig
14. pflichtbewußt
15. entgegenkommend
16. verantwortungsvoll
17. treu
18. beherrscht
19. liebenswürdig
20. einfühlend
21. kompromißbereit
22. verzeihend
23. gesprächsbereit
24. hilfsbereit
25. gepflegt
26. ordnungsliebend
27. an der Tätigkeit des Partners interessiert
28. rücksichtsvoll
29. beständig
30. nicht zu kritisch

Wenn alle ihre Auswahl getroffen haben, versuchen je drei Personen eine Einigung über die sechs wichtigsten Punkte zu erzielen. Dabei sollen folgende Gesprächsregeln beachtet werden:
- Vermeiden Sie, Ihre persönliche Entscheidung den anderen aufzuzwingen. Argumentieren Sie mit Logik.
- Vermeiden Sie, nachzugeben, bloß um Einstimmigkeit zu erzielen oder Konflikten auszuweichen. Unterstützen Sie nur dann andere Ansichten, wenn sie mit Ihren wenigstens teilweise übereinstimmen.
- Vermeiden Sie Techniken wie Mehrheitswahl, Abstimmung oder Kuhhandel (»Wenn du mir, dann ich dir«).
- Betrachten Sie abweichende Meinungen eher als einen nützlichen Beitrag statt sie als störend zu empfinden.

Diese Gesprächsgrundsätze zeigen, worauf es bei dieser Methode ankommt: Wichtig ist nicht das Ergebnis, sondern das eigene Nachdenken und das Hören auf die Überlegungen der anderen.

WIEDERVERHEIRATETE GESCHIEDENE IN UNSERER GESELLSCHAFT

Der Gesprächsleiter sollte vorher die Ausführungen in Kapitel V. B/3 gelesen haben.

1. Schritt:
Alle Teilnehmer sollen etwas zum Schreiben haben und »locker« sitzen (Gefühl: Ich kann notieren, was mir einfällt, ohne daß jemand beobachten kann, was ich schreibe).
Aufforderung: Denken Sie an Geschiedene, die ein zweites Mal standesamtlich geheiratet haben. Denken Sie an ganz konkrete Menschen und versuchen Sie zu empfinden, wie sich diese Personen in der Kirche fühlen. Schreiben Sie jetzt – möglichst in direkter Rede – Sätze auf, die Sie von solchen Menschen gehört haben bzw. Sätze, wie sie solche Personen Ihrer Meinung nach sagen könnten.

2. Schritt:
Es werden Kleingruppen zu etwa vier Personen gebildet.
Aufgabe: Besprechen Sie miteinander das Ergebnis Ihres persönlichen Nachdenkens.
Versuchen Sie danach folgende drei Fragen zu beantworten:
- Wie ist die Situation von wiederverheirateten Geschiedenen in unserer Gemeinde?
- Müssen wir etwas ändern, um diesen Mitchristen gerecht zu werden?
- Wie können wir folgendes Mißverständnis vermeiden: Durch die Sorge um wiederverheiratete Geschiedene wird die Lehre der Kirche über die unauflösliche Ehe in Frage gestellt.

3. Schritt:
a) Bericht der Kleingruppen. Die Antworten sollen nach Möglichkeit wenigstens in Stichworten auf einem Plakat festgehalten werden.
b) Diskussion der Ergebnisse.
c) Vergleich der Ergebnisse mit den Vorschlägen im Kapitel V. B/3.

4. Schritt:
Der Gesprächsleiter stellt die Frage: Ergeben sich aus unserem Gespräch konkrete Schritte?
Dabei sollten nur Vorschläge diskutiert werden, die auch von den Anwesenden verwirklicht werden können.

2. Erwachsenenbildung

Viele Aktivitäten der Pastoral einer Pfarrgemeinde können als Erwachsenenbildung im weiteren Sinn bezeichnet werden: Es werden Prozesse in Gang gesetzt, die dazu führen, daß Menschen ihre individuelle Situation, ihren Platz in der Gemeinschaft und das Leben in den verschiedenen Bereichen besser verstehen und dadurch auch zu einem bewußteren Verhalten gelangen.

Erwachsenenbildung umschreibt aber auch einen eigenen Bereich kirchlicher Aktivitäten, der meistens in den Pfarrgemeinden von einem eigenen Ausschuß wahrgenommen wird. Die drei wesentlichen Bereiche sind religiöse Bildung, politisch-soziale Bildung sowie Ehe- und Elternbildung.

Wenn sich eine Gruppe für den Bereich Ehe und Familie verantwortlich fühlt, muß sie mit dem Ausschuß für Erwachsenenbildung Kontakt aufnehmen, um die entsprechenden Anregungen zu geben und fachliche Mitarbeit zu leisten. Dabei sind zu berücksichtigen

- Ehevorbereitung
- Ehebegleitung
- Elternbildung.

Auf dem Gebiet der Ehevorbereitung ist zu beachten, daß ein Jahrgang nach dem anderen heranwächst. Die Angebote für die Jugend müssen also relativ häufig gemacht werden (Konkrete Anregungen in Kapitel I).

In der Ehebegleitung müßte immer mehr die Chance genützt werden, das Paar gemeinsam anzusprechen. Allgemeine Vortragsveranstaltungen führen häufig zur Reaktion: Das hätte mein Mann/meine Frau auch hören sollen! Es liegt auf der Hand, welche Vorteile damit verbunden sind, wenn sich beide Partner auf einen Bildungsprozeß einlassen. Ein Beispiel dafür: Kapitel I. B/1 »Die Ehe als Modell für die nächste Generation«.

In der ehebegleitenden Bildung wird den Partnern gehol-

fen, ihre Beziehung besser zu durchschauen, die eheliche Kommunikation zu verbessern, menschenwürdige Konfliktregelungen zu erlernen, notwendige Reifungsschritte zu bewältigen und zu entdecken, wie man gemeinsam aus dem Glauben leben kann. Es ist günstig, Gruppen anzusprechen, die sich in einer ähnlichen Situation bzw. in der gleichen Phase der Ehe befinden. Methodisch geht die ehebegleitende Bildung vorwiegend von den Erfahrungen, Meinungen und Problemen der Teilnehmer aus; Informationen und Referate werden eingebaut als Ergänzung des gemeinsamen Lernprozesses, der in der Regel auf das Gespräch in Kleingruppen angewiesen ist.
Im folgenden als Anregung nur einige Themen, die sich anbieten:

- Partnerschaftlichkeit in der Ehe
- Gefühle ausdrücken
- Gespräch als Weg zur Gemeinschaft
- Konflikte menschenwürdig regeln
- Sexualität als Liebesausdruck
- Verantwortliche Elternschaft
- Ehe als Wirtschaftsgemeinschaft
- Ehe und Arbeitsleben
- Freiheit und Gemeinsamkeit
- Gesellschaftliche Kontakte
- Als Paar den Eltern und Schwiegereltern gegenüber
- Wenn die Eltern alt werden
- Ehe trotz Elternschaft
- Heilsame Ehekrisen.

Die diözesanen Familienreferate verfügen in der Regel zu solchen und ähnlichen Themen über ausgearbeitete Modelle mit den entsprechenden Inhalten und Vorschlägen für die methodische Gestaltung.
Die Elternbildung in einer kirchlichen Gemeinschaft muß bei Bedarf auch jene Probleme aufgreifen, die von anderen Institutionen bearbeitet werden können, also eine umfassende Information über Erziehungsfragen bieten und bei

der Einübung eines situationsgerechten Erzieherverhaltens gegenüber den Eltern in den verschiedenen Phasen der Entwicklung helfen. In besonderer Weise müssen aber die Fragen einer Erziehung aus dem Geist des Glaubens, des religiösen Lebens, der Bildung eines verantwortlichen Kirchenbewußtseins und der Gestaltung des Familienlebens als Hauskirche aufgegriffen werden.
Wenn einige Personen aus dem aktiven Kreis an Veranstaltungen der Mitarbeiterausbildung teilnehmen, ist es möglich, viele Angebote mit eigenen Kräften zu verwirklichen. In der modernen Erwachsenenbildung kommt es ja nicht in erster Linie auf die klugen Informationen eines Referenten an, sondern darauf, die schon vorhandenen Meinungen, Überzeugungen und Fragen der Teilnehmer weiterzuführen. Es sollten aber selbstverständlich auch die diözesanen Angebote aufmerksam verfolgt und bei Bedarf eingeplant werden. Aufgabe des Ausschusses für Ehe und Familie ist es, darauf zu achten, daß im Bereich der Erwachsenenbildung einer Pfarrgemeinde die Ehe- und Elternbildung angemessen berücksichtigt wird.

3. Gruppen auf Zeit

Christlicher Glaube war von Beginn an auf Gemeinschaft ausgerichtet. Isolierter Glaube, der sich nur auf das eigene Leben beschränken will, kann auf die Dauer nicht bestehen. Deshalb ist die Familie als kleinste Zelle der Kirche zu betrachten, in der Glaube entstehen kann.
Es ist notwendig, daß der Christ in der Gemeinschaft mit anderen Gläubigen Kirche erlebt. Viele der heutigen Pfarrgemeinden sind zu groß oder aus anderen Gründen nicht in der Lage, dieses Erlebnis zu vermitteln. Da die soziale Kontrolle früherer Zeiten, die das Weiterbestehen einer Volkskirche garantiert hat, nicht mehr vorhanden ist, brauchen die Gemeinden für die Zukunft Gruppen, in denen

sich Christen treffen, damit kirchliches Leben weitergehen kann. Kirchliches Leben ist aber die entscheidende Voraussetzung für die Weitergabe des Glaubens von einer Generation zur anderen. Untersuchungen zeigen eindeutig, daß mit dem Rückgang kirchlichen Lebens auch der Glaube verdunstet.

Als Grundsatz sollte gelten, daß jeder Mensch, der daran interessiert ist, kirchliches Leben zu erfahren, in erreichbarer Nähe eine Gruppe von Christen findet, die bereit ist, ihn aufzunehmen. Solche Gruppen müssen nicht für alle Zeiten existieren, es ist auch sinnvoll, wenn sich Menschen, die dazu motiviert sind, für einige Zeit regelmäßig treffen und dann diese Gruppe wieder auflösen. Wenn sie gute Erfahrungen gemacht haben, werden sie bei entsprechender Gelegenheit wieder zu neuen Kontakten bereit sein.

Eine Gemeinde, in der solche Gruppen existieren, hat auch genügend Anziehungskraft für jene, die gelegentlich am Gottesdienst teilnehmen wollen, ohne sich der intimeren Nähe einer Gruppe auszusetzen.

Eine besondere Chance für die Gruppenbildung liegt in den traditionellen Aktivitäten, die mit der Sakramentenpastoral verbunden sind. In diesem Zusammenhang kommt Eheleuten eine besondere Aufgabe zu. Man kann also versuchen, Eltern, die ihr Kind taufen lassen, für Gespräche mit anderen Leuten in ähnlicher Situation zu gewinnen. Man kann schon beim Taufgespräch damit anfangen, indem es nicht individuell geführt wird, sondern in Gruppen. Man kann auch versuchen, beim Taufgespräch einen entsprechenden Hinweis zu geben, und später die konkrete Einladung aussprechen. Wichtig ist in jedem Fall, daß die Einladung im persönlichen Kontakt erfolgt. Bloßes Papier hat keine oder fast keine Wirkung.

Entscheidend ist bei einer solchen Gruppe die erste Zusammenkunft. Es empfiehlt sich dabei, Fragen der frühen Kindheit zu besprechen, und zwar in einer Weise, daß die Beteiligten zu Wort kommen und ihre persönliche Situa-

tion darlegen können, soweit sie wollen. Nach Möglichkeit sollte eine solche Gruppe bald autonom werden, und zwar nicht nur, um die Aktiven in der Gemeinde von Arbeit zu entlasten. Es erscheint auch wichtig, daß junge Ehepaare lernen, ihre eigene Kompetenz zu verstehen und ein entsprechendes Selbstbewußtsein zu entwickeln. Das ist möglich, wenn sie die Erfahrung machen, daß sie nicht auf einen Referenten und einen Leiter angewiesen sind, sondern daß in ihrer Runde genügend Kompetenz vorhanden ist, um miteinander sinnvoll zu arbeiten.
Ein weiterer natürlicher Anlaß ist die Erstkommunion. Längst ist es üblich, daß die Vorbereitung der Kinder durch Laien geschieht. Ein nächster Schritt wäre der Kontakt mit den Eltern der Kinder. Dabei ist es entscheidend, daß keine Belehrung geschieht, sondern die einzelnen Personen, die in einer Runde beisammensitzen, von dem reden können, was ihnen wichtig ist. Der religiöse Anlaß kann auf diese Weise für sie zum Erlebnis führen, daß man in der Kirche Menschen trifft, mit denen man sich gut unterhalten kann. Erziehungsfragen werden bei solchen Zusammenkünften meistens am Anfang stehen. Vielleicht tauchen aber mit der Zeit auch Fragen der ehelichen Partnerschaft ebenso auf, wie die alleinerziehenden Mütter ihre offenen Fragen zur Sprache bringen können.
Anläßlich der Firmung sind in vielen Gemeinden solche Gruppenbildungen noch am schwersten vorstellbar. Aber wenn die Idee der Gruppenpastoral einmal zündet, ist nicht abzusehen, was alles gelingen kann. Selbstverständlich muß eine Gruppe, die solches fördern will, damit rechnen, daß es immer wieder auch ein Mißlingen gibt. Man kann eben so etwas nicht »machen«. Wer aber daran glaubt, daß Christen in Gemeinschaft leben sollen und daß sie bei ihren Gesprächen gar nicht anders können, als auch über ihren Glauben zu reden, wird beim eigenen Einsatz nicht ohne Erfolg bleiben.

Vorschlag: *Erstes Treffen von Taufeltern*

- Begrüßung
- Vorstellung, wobei folgende Frage beantwortet werden soll: Mit welchem Gefühl(!) bin ich hierhergekommen? (Es ist anzunehmen, daß dabei auch viele Erwartungen an das Treffen geäußert werden.)
- Kurzes Gespräch der Paare bzw. von je drei Einzelpersonen: Wie hat sich unser Leben durch das Kind verändert? Wie haben wir uns darauf eingestellt? Welche Ratschläge können wir weitergeben?
- Jedes Paar berichtet. Die verschiedenen Anregungen werden diskutiert.

Dabei ergeben sich wahrscheinlich mehrere Themen für eine Fortsetzung.

Vorschlag: *Erstes Treffen von Erstkommunioneltern*

- Begrüßung
- Vorstellung, wobei folgende Frage beantwortet werden soll: Mit welchem Gefühl(!) bin ich hierhergekommen? (Es ist anzunehmen, daß dabei auch viele Erwartungen an das Treffen geäußert werden.)
- Gespräch der Paare bzw. von je drei Einzelpersonen: Was haben unsere Kinder über die Erstkommunionvorbereitung zuhause erzählt? Wie haben wir dies im Hinblick auf unseren eigenen Religionsunterricht verstanden?
- Die Ergebnisse werden einander mitgeteilt. Der Gesprächsleiter (die Gesprächsleiterin) bemüht sich, Raum dafür zu schaffen, daß die einzelnen Teilnehmer ihre Einstellung zum Glauben ausdrücken können.

Dabei ergeben sich wahrscheinlich mehrere Themen für eine Fortsetzung.

Vorschlag: *Erstes Treffen von Firmeltern bzw. Paten*

- Begrüßung
- Vorstellung, wobei folgende Frage beantwortet werden soll: Mit welchem Gefühl(!) bin ich hierhergekommen? (Es ist anzunehmen, daß dabei auch viele Erwartungen an das Treffen geäußert werden.)
- Gespräch in Kleingruppen zu je drei Personen: Gibt es einen Unterschied zwischen unserer eigenen Firmung und der Art, wie wir die Firmvorbereitung eines jungen Menschen jetzt erleben?
- Die Ergebnisse werden einander mitgeteilt. Der Gesprächsleiter (die Gesprächsleiterin) versucht die Diskussion in die Richtung zu lenken: Was können wir als Eltern bzw. Paten im Zusammenhang mit der Firmung sinnvollerweise tun?

Dabei ergeben sich wahrscheinlich mehrere Themen für eine Fortsetzung.

4. Spirituelle Angebote

In den Familiengruppen geschieht ein permanenter Bildungsprozeß, der je nach der Glaubenssituation der einzelnen Mitglieder auch eine spirituelle Formung mit sich bringt. In der Erwachsenenbildung steht selbstverständlich hinter allen Konzepten ein christlicher Wertmaßstab. In den vielfältigen Gruppen, die gebildet und begleitet werden, geht man natürlich von den Fragen der Teilnehmer aus, wird jedoch immer wieder auf Probleme einer christlichen Lebensgestaltung stoßen. Es gibt aber auch Paare, die ihr Leben bewußt aus dem Glauben gestalten wollen und das Bedürfnis nach entsprechenden Angeboten haben. Es lohnt sich, in einer Pfarrgemeinde ein Programm für solche Paare zu erstellen und einmal zu schauen, ob sich mindestens fünf Paare konkret dafür interessieren.

Der folgende Vorschlag soll eine Ermutigung sein, so ein Projekt anzupacken, selbst wenn man zunächst das Gefühl hat, den damit verbundenen Anforderungen nicht gewachsen zu sein. Themen und Methodik sind so geartet, daß alles mit eigenen Kräften durchgeführt werden kann. Man braucht keine kostspieligen Spezialisten zu verpflichten.
Entsprechend der Tradition könnte man ein spirituelles Angebot »Exerzitien im Alltag« nennen. Hier ein Vorschlag für die Durchführung:

- Beginn: Oktober – Ende: Mai
- Monatliches Treffen freitags 18 bis 21.30 Uhr
- Aufbau der einzelnen Zusammenkünfte
  1. Gebet
  2. Kurzreferat
  3. Persönliche Reflexion
  4. Paargespräch
  5. Gedanken- und Erfahrungsaustausch in Gruppen
  6. Abschlußgespräch im Plenum
- Vorschlag für die Inhalte
  Oktober: Traditionen
  November: Arbeit
  Dezember: Feste feiern, Alltagskultur
  Januar: Freizeitinteressen
  Februar: Erotische Kultur
  März: Freunde
  April: Gespräch, Konfliktregelung
  Mai: Religiöses Leben

IV. Familie als Hauskirche

A) Inhaltliche Ziele

1. Kirche leben

Vorausgeschickt sei, daß bei den folgenden Ausführungen jede Familie gemeint ist, also nicht nur die sogenannte Vollfamilie mit Vater, Mutter und Kindern, sondern auch die Teilfamilie, egal in welcher Zusammensetzung; schließlich auch die Mehrgenerationenfamilie, wo diese Art des Zusammenlebens als Einheit erlebt wird.
Das II. Vatikanische Konzil hat den altchristlichen Begriff der Hauskirche wiederentdeckt und mit neuem Leben erfüllt. Die Familie ist also die kleinste Zelle der Kirche. Zunächst ist wichtig, daß die einzelne Familie dieses Bewußtsein entwickelt. Also nicht: Wir gehören zur Kirche, sondern: Wir sind Kirche. Als Folge dieses Bewußtseins ergibt sich die Verwirklichung der kirchlichen Grundfunktionen: Verkündigung, Liturgie, christliches Leben.
Gegenüber der veralteten Auffassung, Verkündigung geschehe nur durch den Priester in der Predigt, sollten Eltern wissen, daß sie in den vielen Gesprächen mit ihren Kindern, in der Art, wie sie mit ihnen leben, den Auftrag Jesu, die frohe Botschaft zu verkünden, erfüllen. Die Verkündigung geht aber auch den umgekehrten Weg: Eltern, die mit Kindern zusammenleben, werden beim Rückblick auf mehrere Jahre feststellen können, daß sie selbst etwas dazugewonnen haben.
Die Liturgie, die in der Familie vollzogen wird, ist wahrscheinlich nachhaltiger wirksam als die Liturgie im Gotteshaus. Alle religiösen Elemente, die es im Laufe eines Jahres, im Ablauf einer Woche oder auch im Verlauf eines

Tages im Familienleben gibt, haben hier ihre Bedeutung. Besonders an Feiertagen ist es einsichtig, daß die Liturgie, die in der Kirche gefeiert wurde, in der Familie fortgesetzt werden soll. Das eucharistische Mahl kann auf diese Weise ein Element des Festmahls werden, bei dem alle die Freude eines besonderen Tages noch intensiver spüren können als bei der Messe. Wichtig ist aber, daß der Zusammenhang hergestellt wird.
Glaube und Leben gehören zusammen. Deshalb ist die Verbindung von den Glaubensgesprächen zum entsprechenden Verhalten wichtig. Wenn zum Beispiel bei Tisch ein Familienproblem besprochen wird und jemand stellt ganz natürlich die Frage: »Was würde uns Jesus jetzt empfehlen?«, dann deutet dies darauf hin, daß die Verbindung einigermaßen gelungen ist.

2. Die Gemeinde beleben

Die Familie ist Subjekt der Pastoral, nicht Objekt. Das ist nicht eine Leerformel, sondern ein ganzes Programm. Natürlich ist die Pfarrgemeinde unerläßlich. Aber sie lebt durch die kleinen Einheiten, aus denen sie sich zusammensetzt.
Wieder ist zunächst das Selbstbewußtsein der Familie wichtig. Nur so kann sie den eigenen Reichtum in das Leben der Gemeinde einbringen. Hier sollten alle Facetten in ihrem Wert gesehen werden. Teilfamilien sind nicht nur geduldet, sondern sie haben eine besondere Botschaft an die große Gemeinschaft. Stieffamilien, an denen abgelesen werden kann, wie man mit dem Problem eines neuen Anfangs gut fertig wird, sollten nicht versteckt werden, sondern mit ihrem Beispiel sichtbar sein. Konfessionsverschiedene Partner sind eine ständige Mahnung, die anzustrebende Einheit nicht zu vergessen. Es gilt also das einzubringen, was man hat. Wer nur versorgt werden will, sollte von den

anderen dazu geführt werden, die eigenen Werte zu erkennen.
Wenn die Familie als Subjekt der Pastoral lebt, wird sie auch Bereicherung erfahren und damit zum Objekt werden. Aus dem Zusammenfließen verschiedener Schicksale, Lebensstile und Überzeugungen ergibt sich auch Anregung für die Gestaltung des eigenen Lebens.

3. Gruppen bilden

Eine Pfarrgemeinde ist oft zu groß, um die Menschen erleben zu lassen, was die Gemeinschaft von Glaubenden sein kann. Kirche muß man spüren können.
Im vorigen Kapitel (III. B/3) ist schon etwas über die Gruppen in einer Gemeinde gesagt worden. Hier geht es um einen besonderen Gesichtspunkt: Aus dem bewußten Leben von Kirche in der Familie soll auch der Impuls entstehen, bei der Bildung von Gruppen aktiv zu sein. Die Kinder bekommen die entsprechende Einstellung von ihren Eltern mit, Jugendliche finden in Gruppen jene Art von Gemeinschaft, die ihnen die Familie nicht mehr geben kann. Manche entdecken die Fähigkeit, Verantwortung für andere zu übernehmen, indem sie sich auf Führungsfunktionen einlassen.
In einer kirchlichen Gruppe können Christen erleben, was Gemeinde ist: Jeder kennt jeden; man weiß um das Schicksal eines jeden Gruppenmitgliedes; Freuden werden gemeinsam gefeiert; das Leid eines Menschen wird von den anderen mitgetragen. Auch wenn nicht immer ausdrücklich über den Glauben geredet wird, lebt man aus dem Geist des Evangeliums.

4. Bewußtmachen, was schon geschieht

Keiner kann alles, aber jeder kann etwas. Das wird jedem, der in der Gemeinde aktiv ist, bewußt werden. Von der Jugendarbeit über die Gestaltung der Liturgie bis zur Erwachsenenbildung und den sozial-karitativen Diensten spannt sich sein weiter Bogen von Möglichkeiten, persönliche Begabungen im Dienste der Mitmenschen einzusetzen. Manche können besonders gut mit Geld umgehen oder ein Buffet verwalten oder Details für ein Gemeindefest organisieren. Aber keiner kann alles.

Schwierig wird es oft, jenen Menschen, die in einer gewissen Distanz zur Kirche leben, klarzumachen, daß auch sie etwas beitragen können. Dieses Bewußtmachen ist wichtig. Es sollte ernstgenommen werden, bevor Glieder einer Gemeinde anderen etwas beizubringen versuchen.

Distanzierte Christen sind oft erstaunt, aber dann auch beglückt, wenn sie entdecken, daß gewöhnliche Lebensvollzüge etwas mit Glauben und Kirche zu tun haben:

- Eine Mutter versorgt ganz einfach ihr Baby. Sie entwickelt dadurch dessen Urvertrauen und schafft damit die Grundlage für den Glauben.
- Eltern leben ihren Kindern Werte vor, ohne viel darüber nachzudenken. Bei näherer Betrachtung erkennen sie eine Einübung in christliches Leben.
- In der Familie wird Gemeinschaft erlebt. Damit wird eine Grunderfahrung für die Verwirklichung von Kirche vermittelt.
- Man spricht über ein Verhalten, das den anderen gekränkt hat und verzeiht einander. Damit ist die Voraussetzung für den Glauben an Gottes verzeihende Liebe gegeben.
- Es gibt Enttäuschungen und man läßt sich nicht entmutigen, sondern sucht einen gangbaren Weg. Damit prägt sich ein, daß unser Leben einen Sinn hat, der durch Schicksalsschläge nicht verlorengeht.

5. Elterliche Verantwortung

Am Beginn der Familie steht verantwortliche Elternschaft. Unter diesem Stichwort ist die neue Einstellung der Kirche, die das II. Vatikanische Konzil formuliert hat, bekanntgeworden. Um einen anderen Begriff zu gebrauchen, kann man auch sagen, es geht um Familienplanung. Dabei ist aber nicht nur daran zu denken, daß die Entscheidung über die Kinderzahl bei den Ehepartnern liegt. Planung bedeutet auf diesem Gebiet in erster Linie, daß die Partner viel miteinander darüber reden, wie sie sich ein Leben mit Kindern vorstellen. Auch wenn dann vieles anders kommt, bedeutet dieses gemeinsame Phantasieren, daß Kinder eine gute Atmosphäre vorfinden, wenn sie in unsere Welt eintreten. Sie werden mit Freude erwartet.
Wenn Kinder da sind, wird aus der verantwortlichen Elternschaft die elterliche Verantwortung. Was aus den Kindern wird, hängt zu einem guten Teil von den Eltern ab. Diese sollten deshalb ein Ziel vor Augen haben, was aus den Kindern werden soll bzw. in welche Richtung sie erziehen möchten. Das bedeutet nicht, eine bestimmte Vorstellung zu fixieren, mit der man die Entwicklung der Kinder detailliert festlegen möchte. Das würde der Tatsache widersprechen, daß jedes Kind unmittelbar von Gott zur Freiheit berufen ist. Zu dieser Freiheit gehört selbstverständlich auch das Recht, die Art, wie man leben will, selbst zu wählen.
Gemeint ist hier die Grundausrichtung der Erziehung. Im Lichte christlichen Glaubens kann das Ziel nur der selbständige Mensch sein, der in der Lage ist, sich ein eigenes Urteil zu bilden und dieses auch zu begründen; der fähig und bereit ist, Verantwortung für seine Entscheidungen zu tragen. Eltern, die eine solche Vorstellung klar vor Augen haben, werden sich im Detail anders verhalten als solche, die als höchstes Ziel den Gehorsam ansehen. Wer den selbständigen Menschen will, muß möglichst früh die Ein-

übung von selbständigen Entscheidungen fördern, die fortschreitende Ablösung der Kinder akzeptieren und Einsicht in notwendige Anordnungen ermöglichen.

B) Bereiche pastoraler Tätigkeit

1. Elternbildung

In diesem Bereich gilt auch wieder der Kontakt mit jener Gruppe, die in der Pfarrgemeinde für Erwachsenenbildung zuständig ist. Im Unterschied zu der ehebegleitenden Bildung bietet sich hier die Chance, auch jene Väter und Mütter zusammenzuführen und anzusprechen, die nicht mit einem Partner kommen können, sei es, daß sie ohne Partner leben, sei es, daß der Partner nicht bereit ist, kirchliche Veranstaltungen zu besuchen.

Elternbildung hat schon deshalb heute eine große Bedeutung, weil Erziehung keine Selbstverständlichkeit mehr ist. Viele wachsen ohne jüngere Geschwister auf und erleben am eigenen Kind zum erstenmal, wie der kleine Mensch Bedürfnisse äußert, die gedeutet und dann entsprechend befriedigt werden müssen. Manches Lebenswissen, das früher beim eigenen Heranwachsen erworben wurde, müssen sich viele in unserer Zeit später selbständig aneignen. Dabei ist Hilfe nötig.

Auch das richtige Verhalten bei den verschiedenen Problemen, vor die Eltern im Laufe der Jahre gestellt werden, ist keine Selbstverständlichkeit. Verschiedene Erziehungsstile werden angeboten, populärwissenschaftliche Literatur mit gegensätzlichen Aussagen ist weit verbreitet. Im Gespräch mit Nachbarn und Freunden bekommt man die unter-

schiedlichsten Ratschläge. Wie soll man sich wirklich verhalten? Es besteht ein großer Bedarf, mit anderen Eltern Erfahrungen auszutauschen, um Hilfen für das eigene Verhalten zu gewinnen.
Deshalb geht es nicht in erster Linie darum, hervorragende Experten einzuladen, die bestimmte Themen fachlich exzellent behandeln können. Solche Veranstaltungen haben auch ihre Bedeutung, sind aber nicht ausschließlich oder in erster Linie anzustreben. Vieles kann mit eigenen Kräften bewältigt werden.
Jeder aus der Gruppe, die den Bereich der Elternbildung plant, kann bei Bekannten herumhören, welche Fragen vorhanden sind, welche Bedürfnisse bestehen. Dann gilt es, ein Thema ansprechend zu formulieren. Persönliche Einladungen, eine freundliche Atmosphäre im Veranstaltungsraum und ein herzlicher Empfang sind schon wesentliche Elemente für eine gelungene Zusammenkunft.
Bei der Art, wie ein Thema der Elternbildung bearbeitet wird, sollte bedacht werden, daß jeder Teilnehmer seine Erfahrungen, Meinungen und Fragen mitbringt. Das alles gilt es ins Gespräch zu bringen. Das Leitungsteam sollte vor allem belehrende Informationen vermeiden.
Ein Beispiel: Ein Abend zum Thema »Was gehört mir?«
Einleitung: Jedes Kind entwickelt in den ersten Jahren ein Gefühl für persönliches Eigentum. In diesem Zusammenhang taucht auch das Problem des Teilens auf, besonders wenn ein Kind mit Geschwistern aufwächst.
1. Schritt: Persönliche Besinnung. Jeder Teilnehmer notiert Einfälle zum Thema, die sich aus der persönlichen Erfahrung ergeben.
2. Schritt: Gruppen von vier bis fünf Teilnehmern vergleichen die Ergebnisse, klären, was sie gemeinsam klären können, und formulieren Fragen, die sie ins Plenum bringen wollen.
3. Schritt: Plenum. Man teilt einander mit, zu welchen Erkenntnissen die Gruppe gekommen sind. Dann werden

die Fragen gestellt. Es kann in der Diskussion mit so vielen wertvollen Anregungen gerechnet werden, daß die meisten Teilnehmer zufrieden nach Hause gehen. Wenn Fragen offen bleiben, ist das kein Fehler. Es wäre im Gegenteil eigenartig und lebensfremd, könnte man in einem solchen Bereich alle Probleme vollständig lösen.

Zu überlegen sind auch Veranstaltungen, die von Eltern und Kindern gemeinsam besucht werden. Eine besondere Bedeutung haben hier Anregungen zur Kreativität. Wenn bei einer solchen Gelegenheit von der Familie eine Aufgabe gemeinsam gelöst wird und man dabei auch sieht, wie es andere machen, bleibt diese Erfahrung garantiert nicht ohne Wirkung auf das Leben in der Familie selbst.
Eine spezielle Gruppe soll hier noch erwähnt werden, für die es besonders lohnend ist, ein Angebot zu machen. In kleineren Gemeinden müßte man allerdings das Zusammenwirken mit Nachbarsgemeinden suchen: Partner, die das erste Kind erwarten. In dieser wichtigen Zeit haben nicht nur die werdenden Mütter, sondern auch die angehenden Väter viele Fragen, und sie spüren ihre Unsicherheit. Schließlich kommt etwas völlig Neues auf sie zu. Wenn es gelingt, einige, die sich in dieser Situation befinden, zusammenzuführen, bedeutet dies eine große Chance. Hier nur ein Vorschlag für die Gestaltung eines solchen Abends:

1. Schritt: Individuell Notizen machen zu folgenden Fragen:
- Welche Veränderungen erwarte ich durch das Kind für mein Leben, welche für das Leben meines Partners?
- Welche Hoffnungen bewegen mich?
- Welche Ängste spüre ich manchmal?
- Welche Hoffnungen vermute ich bei meinem Partner?
- Welche Ängste spürt vermutlich mein Partner manchmal?

2. Schritt: Die Frauen sprechen miteinander über ihre

Notizen, die Männer ebenfalls. Bei einer größeren Zahl von Teilnehmern empfiehlt es sich, mehrere Gruppen zu machen, je drei bis vier Personen in einer Gruppe.
3. Schritt: Die Ergebnisse der Gruppengespräche werden einander mitgeteilt und diskutiert. Dabei ergeben sich fast immer Überraschungen. Mancher Mann entdeckt dabei etwas an seiner Frau, was ihm vorher unbekannt war und umgekehrt. Auch bei einer solchen Zusammenkunft sollte der Gesprächsleiter möglichst zurückhaltend sein und in erster Linie darauf achten, daß die Teilnehmer ausdrücken können, was in ihnen ist.
Bei Veranstaltungen der Elternbildung kann auch das Bedürfnis auftauchen, ein Angebot mit therapeutischer Zielsetzung zu erstellen. In diesem Fall kommt man ohne Hilfe einer entsprechend geschulten Fachkraft nicht aus.

2. Wohnviertelapostolat

Was unter diesem Stichwort zu sagen ist, gehört zwar nicht direkt zur Familienpastoral, hat aber in unserem Zusammenhang eine eigene Bedeutung. Die Notwendigkeit des Wohnviertelapostolats ergibt sich aus der Größe einer Pfarrgemeinde, die nur auf diese Weise überschaubar werden kann. Für jedes Viertel ist in der Regel eine aktive Person zuständig: Pfarrnachrichten sind auszuteilen, die Beteiligung an Sammlungen anzubieten, Einladungen auszusprechen, kurz: Ein Christ stellt die Verbindung zur Gemeinde her.
Wenn nun eine Familie die Verantwortung für ein Wohnviertel übernimmt, bekommt diese kirchliche Aktivität einen besonderen Anstrich. Die Aufgaben können unter den Familienmitgliedern aufgeteilt werden. Die Kinder lernen von ihren Eltern, wie man Verantwortung für die Gemeinschaft übernimmt. Die Familie tritt auch im Wohnviertel als solche in Erscheinung, wodurch sich wiederum Familien besonders angesprochen fühlen können.

Wenn es um die Werbung für eine Ehepaarveranstaltung geht, können beide Partner die in Frage kommenden Familien besuchen. Ebenso wird man gezielt überlegen, wer eine Aufgabe übernimmt, wenn das Mittun in einer Kinder- oder Jugendgruppe angeregt werden soll, wenn eine soziale Not entdeckt wird, bei der es um diskrete Hilfe geht, oder wenn es sich um wiederverheiratete Geschiedene handelt, denen der Weg zur vollen Teilnahme am kirchlichen Leben geebnet werden soll.
Christen, die sich auf dieses Apostolat einlassen, brauchen normalerweise eine Begleitung ihrer Tätigkeit. Das heißt, sie müssen Gelegenheit haben, sich mit anderen, die das gleiche tun, zu treffen, um ihre Probleme zu besprechen. Diese Supervision, um es fachlich zu benennen, kann für Familien einen speziellen Charakter haben.

3. Liturgie

Wenn in den großen Versammlungen einer Pfarrgemeinde das volle Leben zum Ausdruck kommen soll, müssen auch die Kinder entsprechend berücksichtigt werden. Das vitalste Interesse daran haben naturgemäß die Familien. Deshalb empfiehlt es sich, auf ihre Fähigkeiten und Ideen, auf ihren Phantasiereichtum und ihre Gestaltungskraft zu vertrauen.
Ein monatlicher Familiengottesdienst, der von möglichst vielen Mitwirkenden lebendig gestaltet wird, kann mit der Zeit so attraktiv werden, daß sich die Bezeichnung Hauptgottesdienst von selber ergibt. Damit ist nichts gegen eigene Kindergottesdienste gesagt. Sie haben selbstverständlich auch ihre Bedeutung. Damit die Gestaltung auch wirklich kindgemäß ist, braucht man auf jeden Fall Mütter und Väter.
Materialien, die von diözesanen Stellen ausgearbeitet oder vermittelt werden, sind heute schon in derart reichem

Ausmaß vorhanden, daß es sich erübrigt, hier etwas davon vorzustellen. Wichtig ist eine Gruppe in der Pfarrgemeinde, die sich dafür verantwortlich fühlt, daß Ehe und Familie im Laufe eines Jahres entsprechend ihrer Bedeutung in der Liturgie vorkommen.

Eine besondere Herausforderung für Laien ist dort gegeben, wo Liturgien gestaltet werden sollen, die nicht mit einer Eucharistiefeier verbunden sind. In der katholischen Kirche ist es ja üblich, bei allen Anlässen, die auch religiös gefeiert werden sollen, eine Messe anzusetzen. Damit ist der Ablauf zumindest in den Grundzügen vorgegeben. Bei einem Wortgottesdienst ist dagegen der Freiraum größer, wodurch die Kreativität der Gestalter angeregt werden kann.

Besonders reichhaltig sind diesbezügliche Erfahrungen mit Wortgottesdiensten am Nachmittag des 24. Dezember oder zur Todesstunde Christi am Karfreitag. Wenn man aber darüber nachdenkt, welche Gelegenheiten sich in einer lebendigen Pfarrgemeinde ergeben, erkennt man, daß hier noch ein weites Feld brachliegt. Wer hat den Mut, es zu bestellen, auch wenn die reiche Ernte erst von der nächsten Generation eingebracht werden kann?

Das Engagement für die Liturgie der großen Gemeinschaft wirkt natürlich zurück auf die Hausliturgie. Viele Familien erleben ja Hemmungen, wenn es darum geht, miteinander zu beten. Dabei machen sie die Erfahrung, wie gut man mit anderen Familien zusammen oder in sonstigen Gruppen auch beten kann. Zuhause wirkt es aber peinlich. Die Vermutung erscheint berechtigt, daß diese Barrieren vor allem dort empfunden werden, wo ein gemeinsames Beten und Singen zu besonderen Anlässen versucht wird, während dafür im sonstigen Ablauf des Familienlebens kein Platz ist. Wenn in einer Familie sonst nie gesungen wird, ist es auch schwer möglich, etwa im Advent auf einmal gemeinsam ein Lied zu singen. Wenn es kein Tischgebet gibt, wird es schwierig sein, beim Adventskranz Gebete zu

sprechen. Wenn man nur Formelgebete kennt, wird es nicht leicht fallen, ein Gebet frei zu formulieren, so wie einem die Gedanken kommen.
Manche gut gemeinten Bemühungen, der Familie das Bewußtsein der Hauskirche zu vermitteln, haben deshalb so wenig Echo gefunden, weil die notwendigen Voraussetzungen in zu geringem Maße gegeben waren. Der geeignetste Weg, Hemmungen zu überwinden, führt wahrscheinlich über das Glaubensgespräch in der Familie. Dabei gilt es dort anzusetzen, wo echte Fragen vorhanden sind. Und dann muß jemand den Mut haben, einmal darüber zu reden, warum man nicht miteinander auch beten sollte. Wenn sich eine Familie im Gespräch langsam an einen Konsens herantastet, ist eine neue Entwicklung möglich. Dagegen wird ein »Familienoberhaupt«, das die anderen mit einem einsamen Entschluß überrollt, in den meisten Fällen Schiffbruch erleiden. Dieser Weg kann dadurch erleichtert werden, daß die Familie das Gebet in einer größeren Gemeinschaft mit anderen Familien erlebt hat.

4. Feste feiern

In der Pfarrgemeinde kann das angeboten werden, was der einzelnen Familie oder kleinen Gruppen nicht möglich ist: das große Fest. Wenn eine Gemeinde lebendig ist, wird es dieses nicht nur in liturgischer Form im Gotteshaus geben, sondern auch außerhalb des Kirchengebäudes bei entsprechenden Anlässen, die vorgegeben sind oder die man schafft.
Ein großer Wandertag, an dem sich viele beteiligen, ist besonders für die Kinder ein unvergeßliches Erlebnis. Mit dem Wandertag können auch Wettbewerbe verbunden werden, in denen die Familien gegeneinander antreten. Es kommt also darauf an, die Begabungen jeder einzelnen Person richtig einzusetzen und sie zusammenwirken zu

lassen. Solche Spiele sind selbstverständlich auch bei einem pfarrlichen Sportfest möglich. Wer seine Kräfte jemals für ein solches Vorhaben eingesetzt hat, weiß, wieviel Befriedigung damit verbunden ist.

Auch die alte Tradition der Wallfahrten gehört in diesen Zusammenhang. Vielleicht kann ein früherer Brauch, der schon in Vergessenheit geraten ist, neu belebt werden. Und warum sollten nicht auch in unserer Zeit neue Wallfahrten geschaffen werden. Es kommt nur darauf an, die Gestaltung so zu wählen, daß sich die Beteiligten angesprochen fühlen.

Irgendwie sind Fasching bzw. Karneval auch eine kirchliche Zeit. Die Begrenzung ist ja mit dem Aschermittwoch gegeben. Die närrischen Tage sind deshalb entstanden, weil mit der Vorbereitungszeit auf Ostern viel Ernst verbunden ist. Das menschliche Leben braucht eben die verschiedenen Elemente in einem gesunden Rhythmus. Deshalb ist es durchaus legitim, wenn je nach lokaler Tradition von der kirchlichen Gemeinschaft alle Arten von frohen Festen gefeiert werden.

Alles, was hier erwähnt wurde, wird aber nur dann möglich sein, wenn die Pfarrgemeinde in kleineren Einheiten lebendig ist. Von diesen Gruppen muß auch ein großes Fest getragen werden. Ein Familienkreis (s. III. B/1) könnte die Grundlage für eine erste Planung sein.

Bei großen Festen sollte darauf geachtet werden, daß sie Höhepunkte sind. Deshalb ist zu bedenken, wie oft so etwas möglich ist. Jedenfalls lieber seltener, dafür aber gut vorbereitet.

Wer sich in diesem Zusammenhang engagiert, sollte wissen, daß seine Zeit nicht nur einem großen Projekt gewidmet wird, sondern in vielfältiger Weise den Familien zugute kommt. Sie empfangen in der großen Gemeinschaft Anregungen, von denen erwartet werden darf, daß sie im Leben zuhause eine Rolle spielen. Die einen werden einen sportlichen Impuls bekommen, andere finden wieder neue

Lust am Wandern oder entdecken ihre Liebe zur Wallfahrt. Und Spiele, die man einmal als reizvoll erlebt hat, werden in der Regel wiederholt.

V. Besondere Situationen – besondere Chancen

Was im folgenden ausgeführt wird, soll nicht isoliert gesehen werden. Selbstverständlich gilt für die verschiedenen Situationen, die jetzt zu besprechen sind, das meiste von dem, was schon gesagt wurde. Da in der Kirche aber gegenüber den Menschengruppen, um die es jetzt geht, vielfach immer noch eine gewisse Unsicherheit besteht, scheint es wichtig zu sein, einige Grundsätze eigens zu betonen.

A) Inhaltliche Ziele

1. Alle integrieren

Als Grundsatz hat für die Pastoral in einer Pfarrgemeinde zu gelten, daß sich alle, die daran interessiert sind, zu allen kirchlichen Veranstaltungen eingeladen fühlen. Wichtig ist in diesem Zusammenhang das Wort »fühlen«. Es genügt nicht, daß alle durch einen Pfarrbrief eingeladen sind. Konkret ist damit gemeint, daß eine Gemeinde auch die Fehler, die in der Vergangenheit von der Kirche gemacht wurden, zu tragen bereit ist und sich bemüht, Veränderungen geduldig einzuleiten. Es ist eben eine Tatsache, daß bestimmte Menschengruppen, deren Leben nicht nach den Idealen der Kirche geordnet war, diskriminiert wurden. Das ist häufig auch dort noch zu spüren, wo längst ein neuer Wind weht. Es gilt also zunächst zu verstehen, warum manche Christen den Eindruck haben, daß man sie eigentlich nicht so recht in der Kirche haben will. Erst dann kann man angemessen reagieren.

Für bestimmte Situationen kann es notwendig sein, eigene Angebote zu machen, z.B. für Geschiedene unmittelbar nach dem Auseinandergehen, um den Schmerz der Trennung verarbeiten zu helfen. Auf die Dauer sollte aber eine Integration in das Gemeindeleben angestrebt werden. Wenn allerdings z. B. eine Gruppe alleinerziehender Mütter den Wunsch hat, sich untereinander zu treffen, um spezifische Probleme bearbeiten zu können, muß das selbstverständlich möglich sein.

2. Die Menschen annehmen, wie sie sind

Die Kirche muß in ihrer Verkündigung auch jene Ideale nennen, die – soweit wir dies aus der Offenbarung wissen – dem Plan Gottes mit den Menschen entsprechen. Gott hat den Menschen, der gesündigt hat, nicht verworfen. Christus hat uns erlöst und versprochen, daß Gott seine Schöpfung über alle Unvollkommenheit und Sünde hinweg einmal vollenden wird. Deshalb darf die Kirche nicht so tun, als ob das Idealbild die selbstverständliche Lebensform für jeden Menschen sein könnte. Ein Christ kann dem anderen nur dann auf dem Weg zum Heil helfen, wenn er ihn spüren läßt, daß er ihn so annimmt, wie er ist – ohne Bedingungen und Vorbehalte.
Die Verkündigung eines Ideals und das Akzeptieren eines Menschen in seiner konkreten, unvollkommenen Situation sind keine Gegensätze. Das hat Jesus selbst gezeigt. Er sprach eindeutig von der Ehe als einer Entscheidung für das ganze Leben. Scheidung und Wiederverheiratung sollen nicht sein. Auf der anderen Seite begegnete er Menschen, denen die Ehe nicht gelungen ist, in respektvoller Barmherzigkeit. Es lohnt sich, unter diesem Gesichtspunkt im 4. Kapitel des Johannesevangeliums die Begegnung Jesus mit der Samariterin am Jakobsbrunnen zu lesen. Er führt mit ihr ein tief theologisches Gespräch. Dabei kommt

heraus, daß diese Frau schon mehrere Männer gehabt hat und jetzt mit einem zusammenlebt, der nicht ihr Mann ist. An der Haltung Jesu ändert sich dadurch nichts. Ja, diese Frau ist der erste Mensch, der wissen darf, daß Jesus der Messias ist. Und sie bekommt die Chance, Menschen zu Jesu zu führen, also, wie wir sagen würden, apostolisch zu wirken.
Eine Kirche, die den Geist Jesu repräsentieren will, muß bemüht sein, beides zu gleicher Zeit im Auge zu haben: die Wahrheit Gottes und den barmherzigen Respekt, der jedem Menschen gebührt, egal wie sein Leben verlaufen ist.

3. Richtig helfen

Hilfsbereitschaft und guter Wille garantieren noch nicht eine wirksame Hilfe. Es ist auch genügend Kenntnis der Situation des Hilfsbedürftigen nötig, die entsprechenden Fähigkeiten und die Bereitschaft des Betroffenen, sich helfen zu lassen.
Wer bei jungen Partnern, die zusammenleben, mit aller Gewalt eine Ehe stiften will, um das Ärgernis aus der Welt zu schaffen, übersieht ein wichtiges Element: die Freiheit als wesentliche Voraussetzung für eine solche Lebensentscheidung. Wer einem Geschiedenen dadurch über den Trennungsschmerz hinweghelfen will, daß er ihn nur ablenkt, wird keine wirksame Hilfe leisten. Wer einen Mann, der eine geschiedene Frau mit Kindern heiratet, ermutigt, sofort und voll in die Vaterrolle einzusteigen, verursacht voraussichtlich schwierige Konflikte.
Die Kirche muß zur Kenntnis nehmen, daß dort, wo Sozialarbeit geschieht, die entsprechenden wissenschaftlichen Grundlagen beachtet werden müssen. Deshalb muß es in der Kirche auch Experten geben, die für die verschiedenen menschlichen Probleme sachkundig sind.
Im Alltag der kirchlichen Gemeinde geht es aber nicht um

anspruchsvolle Hilfsangebote, sondern um den richtigen menschlichen Umgang miteinander. So muß ein Seelsorger nicht die Funktion eines Eheberaters ausüben, wenn jemand mit Eheproblemen zu ihm kommt. Er kann trotzdem im verständnisvollen pastoralen Gespräch als hilfreich empfunden werden. Es ist aber wichtig, daß er seine Grenzen sieht und dort, wo therapeutische Prozesse in die Wege geleitet werden müssen, die Vermittlung zu einer kompetenten Stelle schafft.
Aktive Christen, die sich dessen bewußt sind, daß sie nicht zum Beurteilen oder gar Verurteilen berufen sind, sondern allen Menschen wohlwollend und tolerant begegnen sollen, werden allein schon dadurch hilfreich sein.

B) Bereiche pastoraler Tätigkeit

1. Konfessionsverschiedene Ehen

Als Christ kann man heute angesichts der Trennung, die durch die Christenheit geht, nur traurig sein. Man kann es auch nur bedauern, daß die Schritte zur Einheit hin so langsam gesetzt werden. Angesichts einer Welt, in der es um Glauben oder Unglauben geht, ist die Spaltung ein Skandal.
Es ist aber falsch, bei der Traurigkeit stehenzubleiben. In der Pfarrgemeinde gilt es alles zu tun, was nur möglich ist, um einzelnen Betroffenen zu helfen und im Gemeindeleben als ganzem je nach Situation ökumenisch zu wirken.
Die Trennung der Christenheit wirkt sich hautnah und im alltäglichen Leben spürbar bei jenen Partnern aus, die verschiedenen Kirchen angehören. Ihnen gegenüber

braucht eine Gemeinde zunächst eine Grundeinstellung, die Respekt hat vor der persönlichen Liebe, in der sich ja nach katholischer Überzeugung Gottes Liebe spiegelt. Das hat Konsequenzen. Bei einer solchen Haltung kann man nicht mehr vor der konfessionsverschiedenen Ehe warnen. Die Partnerwahl ist zu akzeptieren und die zwei Menschen, die ein gemeinsames Leben wagen, müssen ermutigt werden, in ihrer speziellen Situation eine besondere Chance zu sehen. Sie können ein Stück Einheit leben, obwohl man auf höchster Ebene davon noch weit entfernt zu sein scheint. Wenn diese Grundhaltung glaubwürdig gelebt wird, hat auch die Ermutigung zu einem gemeinsamen christlichen Leben Aussicht, angenommen zu werden. Konfessionsverschiedene Paare brauchen die Erkenntnis – und dazu muß ihnen geholfen werden –, daß im kirchlichen Leben, wie es sich in der Familie abspielt, fast kein Unterschied ist, ob die Partner einer Kirche angehören oder aus verschiedenen Kirchen kommen.
Trotz theologischer Kontroversen zwischen den Kirchen finden in der Regel konfessionsverschiedene Partner keinen Unterschied in ihrer persönlichen Glaubensüberzeugung. Sie haben zwar Fragen an den Sinn einer für sie nicht vertrauten Kirchentradition; sie haben auch Vorurteile, die von Generation zu Generation weitergegeben werden. Aber bei einer Besinnung auf die persönliche Glaubensüberzeugung stimmen sic meistens überein. Kontroversen gibt es in diesem Bereich in der gleichen Weise wie bei Partnern, die einer Kirche angehören, aber ein Teil religiös aufgewachsen ist und der andere eher kirchlich distanziert. Ebensowenig wird das gemeinsame Beten durch die verschiedene Kirchenzugehörigkeit beeinträchtigt. Schwierigkeiten ergeben sich genauso wie in anderen Ehen. Das gleiche gilt für die Gestaltung der Festtage, für die Praxis christlichen Lebens und für die Erziehung der Kinder. Das, worauf es bei einem Christen ankommt, ist gleich.
(Fortsetzung Seite 102)

Regeln für das gemeinsame Leben in der Ehe, wenn die Partner aus verschiedenen Kirchen kommen

Irgendwelche Regeln entstehen auf jeden Fall.
Gut ist es, wenn sich beide Partner bewußt sind, nach welchen Regeln sie leben. Empfehlenswert ist es, vor der Eheschließung über mögliche Regelungen zu sprechen.

In jedem der angeführten Bereiche sind zuerst verschiedene Beispiele für mögliche Vereinbarungen angeführt.
- Denken Sie darüber nach und schreiben Sie jene Regelung hin, die Ihnen am liebsten wäre.
- Vergleichen Sie dann das Ergebnis mit dem Partner.

1. *Glaubensüberzeugung*
a) Glaube ist Privatsache und hat nichts mit unserer Ehe zu tun.
b) Wir suchen den gemeinsamen Nenner und streben einen christlichen Glauben für uns beide an.
c) Jeder muß wissen, was in seiner Kirche anders ist. Die Überzeugung des Partners ist zu tolerieren.
d) Ziel religiöser Gespräche muß es sein, den Partner zu überzeugen und zum Übertritt in die eigene Kirche zu bewegen.

Ihre Meinung:________________________________

____

2. *Religiöse Praxis*
a) Jeder tut das, was er für richtig hält, und respektiert die Praxis des Partners.
b) Wir suchen einen gemeinsamen Ausdruck des Glaubens, der uns beiden möglich ist.
c) Religiöse Praxis gehört in den Freiraum jedes Partners und berührt das gemeinsame Leben nicht.
d) Wir fassen ein gutes Eheleben als Ausdruck des Glaubens auf.

Ihre Meinung:________________________________

____

3. *Gottesdienstbesuch*

a) Wir gehen immer miteinander, und zwar abwechselnd, in unsere Kirchen.
b) Jeder geht zu seinem Gottesdienst.
c) Wir reduzieren den Kirchenbesuch auf die Festtage; dann geht jeder in seine Kirche.
d) Wir gehen nicht so oft, dafür aber gemeinsam in eine der beiden Kirchen; wohin, entscheiden wir jeweils.

Ihre Meinung: ______________________________

____

4. *Elternhaus*

a) Wir richten uns nach der Familie, die an der Bewahrung der eigenen Glaubenstradition stärker interessiert ist.
b) Wir reden wenig vom Problem der verschiedenen Kirchenzugehörigkeit, um keine Probleme mit den Familien zu bekommen.
c) Wir gehen unseren eigenen Weg ohne Rücksicht auf die Wünsche der Familien.
d) Wir lassen das Problem an uns herankommen, ob eine der Familien Einfluß nehmen will.

Ihre Meinung: ______________________________

____

5. *Taufe und Erziehung der Kinder*

a) Vor der Hochzeit muß entschieden werden, wie die Kinder getauft und erzogen werden.
b) Wir werden uns entscheiden, wenn es so weit ist.
c) Wir diskutieren inzwischen die Grundsätze und entscheiden später nach den gegebenen Umständen.
d) Wir suchen eine Person, der wir beide vertrauen, und richten uns nach ihrem Urteil.

Ihre Meinung: ______________________________

____

Echte Probleme bringen jene Entscheidungen, die mit dem Leben in verschiedenen Kirchen zu tun haben und die unausweichlich sind. Diese Probleme sollten jungen Partnern, die davon betroffen sind, möglichst bald gezeigt werden. Sie sollen gemeinsam einen Weg finden, der zu gläubigen Christen paßt. Das Arbeitsblatt auf Seite 100/101 kann eine Hilfe dabei sein.
Konfessionsverschiedene Paare, die sich in einer katholischen Gemeinde zuhause fühlen, sollten in der Regel in das Gemeindeleben integriert sein. Wenn allerdings mehrere Paare die Erfahrung machen, daß ein Gedankenaustausch untereinander hilfreich ist, muß das Zustandekommen einer solchen Gruppe gefördert werden.
Ökumenische Gottesdienste dürfen nicht davon abhängig sein, daß es solche Gruppen gibt. Das Anliegen reicht bedeutend weiter. Aber Partner, die im täglichen Leben erfahren, was Ökumene bedeutet, sind natürlich bei der Gestaltung wertvolle Helfer.
Häufig sind ökumenische Gottesdienste Alibihandlungen. Man hat damit seine Pflicht getan. Wo das Verlangen nach Einheit wirklich lebendig ist, wird man versuchen, möglichst viel mit der Schwesterkirche gemeinsam zu machen: Bildungsveranstaltungen, karitative Aktionen, Jugendarbeit und große Feste. Familien, in denen Einheit schon gelebt wird, können Motor einer solchen Entwicklung sein.

2. Nichteheliche Lebensgemeinschaften

Daß junge Menschen in dem Alter, in dem man früher daran gedacht hat, zu heiraten, in eine Wohnung zusammenziehen, ohne zuvor die Ehe zu schließen, bedeutet für die mittlere und ältere Generation die größte Verunsicherung. Die Skepsis gegen die Ehe hat sich in den letzten Jahren rapid verbreitet. Besonders erschüttert waren die traditionell streng katholischen Familien, wenn auch ihre jungen Leute nicht mehr den Weg gegangen sind, den man ihnen zugedacht hatte. Lange Zeit glaubten viele noch, daß so etwas halt dort vorkommt, wo das religiöse Leben vernachlässigt wird. Inzwischen ist es allen klar geworden: Es kommt in den »besten« Familien vor.

Besonders tragisch ist es, wenn kein Gespräch zwischen den Generationen mehr möglich ist. Manchmal wirken Vater und Sohn wie zwei Menschen aus völlig verschiedenen Welten. In der Regel leiden beide an der Verständigungsschwierigkeit.

Dort, wo betroffene Eltern in einer Gruppe ihre Probleme anklingen lassen, sollten sich andere finden, die bereit sind, sich in ernsthafte Gespräche einzulassen. Vielleicht können dabei die Ursachen entdeckt werden, die zum Abbruch der Kommunikation geführt haben. Hier ein Beispiel, wie ein Vater erlebt hat, daß man doch miteinander reden kann.

1. Regel: Zunächst zuhören und nur Bemerkungen machen, die Interesse ausdrücken. Es war erstaunlich, wieviel der Sohn auf einmal zu sagen wußte. Der Vater war zwar öfter versucht, seine Gegenposition anzumelden, er hielt sich aber an die Regel. So hörte er, daß sein Sohn hohe Achtung vor der Ehe hatte, aber nicht, wie so viele, nach einigen Jahren geschieden sein wollte. Er hatte vor, mit seiner Freundin den Alltag zu erleben vom Morgen bis zum Abend, vom Sonntag bis zum Samstag. Dabei würde sich herausstellen, wie gut man miteinander umgehen könne. Wenn man sich nur mit dem Sonntagsgesicht begegnet, ist seiner Meinung nach eine solide Prüfung der Beziehung nicht möglich.

2. Regel: Wenn der Jugendliche ausgeredet hat, zunächst das anerkennen, was mit der eigenen Meinung übereinstimmt. Wieder fiel es dem Vater schwer, nicht gleich zu widersprechen. Er konnte sein Verständnis für eine umfassende Vorbereitung auf die Ehe gut ausdrücken. Als er dann auch davon sprach, was er anders sieht, entwickelte sich ein lebendiges Streitgespräch.

Die beiden Männer konnten sich nicht einigen, sie hatten aber erlebt, daß sie noch miteinander reden können. Ihre Beziehung war also nicht kaputt. Und das war gut so.
Eine christliche Gemeinde ist unter anderem dadurch gekennzeichnet, daß der einzelne Mensch wichtig ist. Junge Partner, die ohne Ehe zusammenleben, finden dann eine Atmosphäre vor, in der sie von sich reden können. Wenn man ihnen zuhört, werden auch sie wahrscheinlich zuhören, wenn andere Meinungen geäußert werden. Ja, sie haben auch das Recht, jene Bedenken zu hören, die andere haben; »Bedenken«, also Überlegungen, die geeignet sind, einen Menschen zum Denken zu bringen.
Einige Beispiele dafür:

- Nicht heiraten wollen, kann auch bedeuten, daß ein Vorbehalt dem Partner gegenüber besteht. Bedeutet das vielleicht auch ein gewisses Mißtrauen?
- Manche haben erfahren, daß durch gemeinsames Wohnen eine Bindung entstanden ist, obwohl sie das gar nicht wollten. Diese Bindung hat dann eine gewünschte Trennung mit so tiefen Schmerzen belastet, wie es bei einer Scheidung ist. Könnte nicht der Gedanke, »ohne Heirat können wir uns eher trennen«, eine Illusion sein?
- Es gibt zwar keine Garantie für das Glück, aber unter welchen Umständen sind die Chancen größer?
- Die öffentlich geschlossene Ehe schützt die Gemeinsamkeit des Paares. Es kann manchmal schwierig sein, die öffentliche Anerkennung entbehren zu müssen.
- Bedeutet die sogenannte »freie Liebe« nicht oft, daß man sich des Partners nicht sicher ist und sich vor der offenen Austragung von Konflikten fürchtet? Was aber geschieht dann mit den zugedeckten Konflikten?
- Wieweit können sich zwei Menschen aufeinander verlassen, wenn ihre Zuneigung noch nicht für eine Bindung auf Dauer ausreicht?
- Wenn ein Kind kommen sollte – es gibt auch heute noch viele ungeplante Kinder –, was erlebt so ein Kind bei

Eltern, die sich nicht binden? Verläßlichkeit, Treue, sichere Geborgenheit sind für das Leben wichtig. Und wenn dann nur wegen des Kindes geheiratet wird, ist diese Entscheidung wirklich frei?

- Sexualität verlangt Liebe, damit die Hingabe menschenwürdig ist. Was aber hat das für Auswirkungen, wenn »im Hinterkopf« gespeichert ist: Eigentlich kannst du mich jederzeit verlassen?
- Ist die freie Entscheidung für ein Zusammenleben ohne Ehe wirklich frei getroffen worden oder spielt nicht doch die Mode dabei eine Rolle?
- Wenn zwei gläubige Menschen ihre Zukunft überlegen, muß da nicht auch der Gedanke an das Sakrament der Ehe berücksichtigt werden und damit verbunden die Zusage von Gottes Hilfe?
- Es muß nicht alles eintreten, was an bedenklichen Entwicklungen möglich ist. Aber ein Zusammenleben ohne Ehe bedeutet ein Risiko. Gibt es genügend schwerwiegende Gründe, die ein solches Risiko rechtfertigen?

Wenn in der Gemeinde darüber gesprochen wird, wie man sich als christliche Gemeinschaft den nichtehelichen Lebensgemeinschaften gegenüber verhalten soll, wären folgende Überlegungen angebracht:

- Unterscheiden wir die verschiedenen Situationen: kurz dauernde, häufig wechselnde Beziehungen – vor-eheliche Partnerschaft – gemeinsames Wohnen, um die Eignung für die Ehe zu erproben – Ablehnung der institutionellen Bindung mit dem Willen zur Dauergemeinschaft – Partnerschaft auf Widerruf?
- Zeigen wir in der Verkündigung genügend oft die Chancen der christlichen Ehe auf?
- Gibt es in unserer Gemeinde genügend Hilfen für das Gelingen der Ehe?
- Welche Möglichkeiten haben wir, die öffentliche Meinung dahingehend zu beeinflussen, daß sie die Ehe stützt und nicht durch Herabsetzung zerstört?

– Wer mit einem Partner unverheiratet zusammenlebt, handelt in einem Bereich, der nicht nur für ihn, sondern auch der Kirche sehr wichtig ist, nicht nach dem Willen der Kirche. Er darf also nicht einfach zur Hl. Kommunion gehen, ebensowenig wie jemand, der mit einem Mitmenschen in unversöhnlicher Feindschaft lebt.
  Wenn er dennoch zur Kommunion geht, kann dies auch ein Zeichen dafür sein, daß ihm der Glaube und das Leben in der Kirche etwas bedeuten. In einem Gespräch kann sich ergeben, daß die Betroffenen zum gegenwärtigen Zeitpunkt keine Möglichkeit zur Veränderung ihrer Situation sehen und überzeugt sind, im Stand der Gnade zu leben, daß sie sich aber dazu bewegen lassen – um berechtigtes Ärgernis zu vermeiden –, woanders die Sakramente zu empfangen. Wenn sie darauf beharren, in der eigenen Gemeinde die Sakramente zu empfangen, dann müßte sie der Seelsorger darauf aufmerksam machen, daß er ihrem Verlangen nicht entsprechen könnte, wenn in diesem Fall durch berechtigtes Ärgernis in der Gemeinde ein bedeutender Schaden zu befürchten wäre, da möglicherweise andere durch dieses Beispiel zu einer Lebensform angeregt werden, die für sie nicht gut ist.
– Für den Priester gilt es in der Beichte in erster Linie auf den Menschen zu hören, um seine Situation und Gesinnung möglichst gut zu verstehen. Der Priester hat aber auch die objektive Ordnung zu schützen. Entscheidend für die Lossprechung ist die grundsätzliche Einstellung zur Ehe, ob sich jemand auf dem Weg christlicher Orientierung befindet, obwohl gegenwärtig seine Lebensform nicht dem kirchlichen Ideal entspricht.

Letztlich sind die nichtehelichen Gemeinschaften auch eine Frage an die länger dauernden Ehen in einer Gemeinde: Wirkt eure Lebensform so anziehend, daß junge Menschen sich motiviert fühlen, den gleichen Weg zu gehen?

3. Geschiedene

Entsprechend den grundsätzlichen Ausführungen (V. A/2) geht es darum, die klare Linie der Wahrheit über die Ehe als Dauerbindung durch eine Haltung respektvoller Barmherzigkeit derart zu ergänzen, daß keine der beiden Wirklichkeiten zu kurz kommt. Unbeschadet weitergehender Regelungen in der Zukunft erscheinen verschiedene pastorale Initiativen im Rahmen des geltenden Kirchenrechts möglich.

Anzusetzen ist schon dort, wo Ehen in eine Krise geraten. Dann sollten die betroffenen Partner das Gefühl haben, in der kirchlichen Gemeinschaft genauso wie vorher einen Platz zu haben; ja, sie sollen erleben, daß es in der Kirche Menschen gibt, an die sie sich bei Bedarf vertrauensvoll wenden können. Sowohl Seelsorger als auch Laien sollten bereit sein, helfende Gespräche zu führen, wenn die Betroffenen dies wünschen. Dabei ist allerdings jede Aufdringlichkeit zu vermeiden.

Wichtigster Grundsatz für die Seelsorge ist die Integration der wiederverheirateten Geschiedenen. Sie sollen in einer Gemeinde das Gefühl haben, zu allen Gottesdiensten und kirchlichen Veranstaltungen genauso eingeladen zu sein wie die anderen Christen. Außerdem müßten die aktiven Gemeindemitglieder das nötige Verständnis für eine gewisse Verwundbarkeit entwickeln, die nicht selten bei wiederverheirateten Geschiedenen vorhanden ist.

Oft begeben sich Geschiedene nach einer Wiederverheiratung von selbst in eine gewisse Isolation. Sie meinen, daß ihre Anwesenheit in kirchlichen Gruppen nicht mehr erwünscht sei. In diesem Fall sollten Mitglieder solcher Gruppen und Runden den Betroffenen aktiv nachgehen, um ihnen die Verbundenheit mit den anderen Gemeindemitgliedern zu erhalten.

Eine aktive und persönliche Seelsorge fordert besonders von den Priestern die Bereitschaft zu ausführlichen Gesprächen. Dabei muß in erster Linie das Gefühl vermittelt werden, daß der Gesprächspartner akzeptiert wird, gleichgültig welche Probleme in seinem Leben vorhanden sind. Eine solche Einstellung ist besonders für ältere Priester schwierig, weil sie eine Ausbildung erhalten haben, in der es vor allem darauf ankommt, eine Situation vom Kirchenrecht her richtig zu beurteilen. Seelsorger, die sich in diesem Bereich engagieren wollen, tun gut daran, Weiterbildungsangebote im Bereich »Gesprächsführung« wahrzunehmen.

Bei Einzelgesprächen ist das Zuhören besonders wichtig. Eine Ehe, die gescheitert ist, hinterläßt Wunden. Außerdem hat eine Scheidung häufig Folgen, die als bedrückend empfunden werden. Die meisten Freunde wollen von dieser Seite des Lebens nichts wissen. Der Priester kann bei der Verarbeitung solcher Schwierigkeiten helfen, indem er bereit ist, sich alles, auch die ermüdenden Details, geduldig anzuhören. Oft ist dann eine neue Orientierung des Lebens möglich, wenn die Schatten der Vergangenheit in ausgiebigen Gesprächen bewältigt wurden.

Wenn Betroffene an den Priester den Wunsch herantragen, zur Beichte und Kommunion gehen zu dürfen, wird es sich nicht vermeiden lassen, das Problem der Kirche offen darzustellen: Dem Wunsch nach dem Sakramentenempfang steht die Zivilheirat nach einer zerbrochenen Ehe gegenüber, die einmal mit dem Willen zur Dauerhaftigkeit geschlossen wurde. Diesen Willen nimmt die Kirche ernst, was auch dadurch ausgedrückt wird, daß man nach der Scheidung und Wiederverheiratung nicht einfach durch den Sakramentenempfang den Eindruck erwecken darf, es wäre alles in Ordnung. Wenn Betroffene meinen, in ihrem Fall lägen besondere Verhältnisse vor, muß darüber ausführlich gesprochen werden. (Erklärung der Österreichischen Bischofskonferenz vom November 1980: »Nach der traditionellen Praxis der Kirche können sie aber nicht am vollen sakramentalen Leben teilnehmen, es sei denn, es liegen besondere Verhältnisse vor, die jeweils im Gespräch mit einem erfahrenen Priester der näheren Klärung bedürfen.«) Die Schweizer Synode empfiehlt für diese Überlegungen folgende Kriterien:

- Ist die Bereitschaft gegeben, begangene Schuld unter die Vergebung Gottes zu stellen und eine fortbestehende Verantwortung gegenüber dem ersten Partner und den Kindern aus dieser ersten Ehe nach Kräften zu erfüllen?
- Ist die neue Verbindung auf bürgerlich-rechtlicher Ebene geordnet und ist der feste Wille vorhanden, dem neuen Partner in Treue verbunden zu bleiben und die Kinder nach christlichen Grundsätzen zu erziehen?
- Ist das Verlangen nach den Sakramenten von wirklich christlichen Motiven getragen?
- Läßt sich in Rücksicht gegenüber der konkreten Gemeinde der öffentliche Sakramentenempfang verantworten, ohne daß diese deshalb in ihrem Glauben in schwere Verwirrung gerät?

Wenn es auch in der gegenwärtigen Situation keine offizielle »Zulassung« zu den Sakramenten geben kann, so ist nach traditioneller Moral doch eine persönliche Gewissensentscheidung möglich, die der Betroffene selbst vor Gott zu verantworten hat. Damit er sich dabei nicht alleingelassen fühlt, engagiert sich der Priester im Gespräch, um nach Möglichkeit am Ende – egal wie das Ergebnis ist – dem Betroffenen die Gewissenhaftigkeit seiner Entscheidung aufzuzeigen.

4. Stieffamilien

Wenn Geschiedene wieder heiraten, entsteht dort, wo Kinder in der neuen Ehegemeinschaft sind, das Problem der Stieffamilie. Wie schon angedeutet (V. A/3), gibt es in diesem Fall nicht selten einen gewissen Druck von seiten der Umgebung, wobei Zielvorstellungen vermittelt werden, die geeignet sind, Konflikte zu verursachen. In der Kirche sollte deshalb dieses Problem gründlich studiert werden, damit man sich im Kontakt mit Betroffenen richtig verhalten kann.

Zunächst ist es notwendig, einige Unterschiede zur »Normalfamilie« klar zu sehen:

- Ein leiblicher Elternteil lebt nicht in der Familiengemeinschaft.
- Einige haben in letzter Zeit einen Verlust erlitten, der bewältigt werden muß.
- Die Beziehung zu einem Elternteil hat schon vor der Heirat bestanden; der andere tritt in ein schon bestehendes System ein.
- Die Kinder sind Mitglieder mehrerer Familiengemeinschaften: der Herkunftsfamilie, der jetzigen Familie, eventuell auch der neuen Familie des abwesenden Elternteils.
- Ein Elternteil hat keine elterlichen Rechte.

Wenn diese Unterschiede nicht beachtet werden und man so tun will, als wären sie nicht vorhanden, kann es zu Fehlhaltungen kommen.

Daraus ergeben sich einige Problembereiche, von denen die wichtigsten hier genannt werden sollen:

- Die Familiengrenzen sollten klargemacht werden. Wie lautet die Antwort auf die Frage: Wer gehört zur Familie? Für Kinder ergibt sich die überraschende Erkenntnis, daß sie »elternreich« sind.
- Koalitionen, die sich spontan bilden, sollten nicht verschwiegen werden. Es gilt darauf zu achten, wer mit wem eine besondere Verbindung hat.
- Ein leiblicher Elternteil lebt woanders. Daraus können sich Loyalitätskonflikte ergeben. Beim neuen Partner sind nicht selten Gefühle der Rivalität vorhanden. Sie sollten nicht verschwiegen, sondern aufgearbeitet werden.
- Der Stiefelternteil hat meistens Rollenprobleme. Er will

oft um der Harmonie willen die Elternrolle übernehmen. Diese ist aber besetzt. Häufig wehren sich auch die Kinder dagegen. Es gehört einige Reife dazu, sich diese Rolle im Laufe der Zeit durch Pflege der menschlichen Beziehungen zu erwerben.

Es gibt auch Lösungsversuche, die ungeeignet sind. Weil sie häufig vorkommen, sollen sie hier genannt werden:

- Die Tabuisierung der Situation. Man spricht die Eltern einfach als Vati und Mutti an und betont: Wir sind eine ganz normale Familie.
- Als Stiefeltern wollen wir bessere Eltern sein als andere. Supereltern zu sein ist aber schwierig. Ein häufiger Mechanismus: Der Stiefvater trifft Erziehungsmaßnahmen, erweckt damit Widerstand, das Kind flieht zur Mutter, die Mutter wendet sich gegen ihren Partner und dieser steht schließlich außerhalb der Gemeinschaft, obwohl er ja nur das Beste wollte.
- Mancher Stiefvater versucht, obwohl er ein erwachsener Mann ist, sich um der Kinder willen wie ein Kind zu verhalten. Er tollt mit ihnen herum, um sie für sich zu gewinnen. Das kann dazu führen, daß sich seine Frau im Stich gelassen fühlt. Die Folge sind Partnerschaftsprobleme.
- Die neuen Partner versuchen, den getrennt lebenden Elternteil aus allen Gedanken und Gesprächen auszuklammern. Seine Existenz wird gleichsam geleugnet. Das geht aber nicht, weil es der Wirklichkeit widerspricht.
- Viele streben ein gemeinsames Kind als Bindeglied an. Dieses Kind bekommt dann die Funktion eines Retters. Das aber ist eine Überforderung und rächt sich mit der Zeit.

Wenn Stieffamilien auseinanderbrechen, hat dies meist andere Ursachen als sonst. Sie scheitern meistens wegen der Kinder oder wegen finanzieller Probleme. Einige häufig vorkommende Konstellationen:

- Die Kinder fühlen sich aus der Gemeinschaft der Stiefeltern ausgeschlossen, wenn die ihre Partnerschaft in den Vordergrund stellen.
- Der Stiefelternteil rivalisiert mit dem leiblichen Elternteil und versucht die Kinder von ihm zu isolieren.
- Die Kinder wollen den abwesenden Elternteil zurückgewinnen und torpedieren deshalb die neue Partnerschaft.

Abschließend noch einige Grundsätze, die beachtet werden sollten, wenn man Stieffamilien eine wirksame Hilfe anbieten möchte:

- Jede Situation hat ihre eigene Charakteristik. Es gibt also keine allgemeinen Rezepte für die Gestaltung des Lebens in einer Stieffamilie.
- Wichtig ist in einer solchen Gemeinschaft das Bewußtsein »Wir sind eine Stieffamilie« und damit anders als andere Familien.
- Die neuen Partner müssen selbst Regeln für ihr Verhalten finden, das der Situation angemessen ist. Dabei sind manchmal Beratungsgespräche notwendig. Zum Beispiel kann sich ergeben, daß die Mutter die Erziehungsverantwortung allein übernimmt. Der Partner kann ihr dabei dadurch helfen, daß er im Zweiergespräch seine Überlegungen einbringt.
- Die Paarbeziehung braucht eine besondere Pflege, genügend Zeit und einen entsprechenden Freiraum. Es gilt aber zu beachten, daß die Kinder nicht provoziert werden dürfen.
- Die Auseinandersetzung mit dem abwesenden Elternteil kann weder den Kindern noch dem neuverheirateten Partner erspart werden. Wenn Trauer, Aggression und Schuldgefühle nicht geäußert werden dürfen, verhindert das leicht eine offene Beziehung des leiblichen Elternteils zu den Kindern. Fragen, die gestellt werden, müssen auch beantwortet werden, so schlimm die Situation auch sein mag.

5. Alleinerzieher

Zum größten Teil handelt es sich bei dieser Gruppe um Frauen, obwohl es natürlich auch Männer gibt, die sich in dieser Situation befinden. Bei kirchlichen Initiativen zeigt sich jedoch, daß meistens Frauen daran interessiert sind, Hilfe in ihrer Situation zu bekommen.
Dabei ist zu bedenken, daß es sich grundsätzlich um drei verschiedenartige Gruppen von Frauen handelt: um ledige Mütter, um Geschiedene und um Witwen. Der gemeinsame Nenner ist die Alleinverantwortung in der Erziehung. Dahinter steht immer das Problem des fehlenden Vaters. Bei der Bearbeitung dieser Situation ist jedoch zu bedenken, daß es einen Unterschied ausmacht, ob die Ehe der Eltern auseinandergegangen ist oder ob dieser Vater mit der Mutter nie verheiratet war oder ob der Vater gestorben ist. Hier wird darauf verzichtet, das Problem vom Inhalt her näher zu durchleuchten, weil für die Bearbeitung ohnehin Fachleute notwendig sind. Es geht nur darum, jene Probleme aufzuzeigen, die beachtet werden müssen, damit man bei pastoralen Aktivitäten keine groben Fehler macht.
Eigene Gruppen für alleinerziehende Mütter werden meistens nur für eine begrenzte Zeit bestehen. Wenn die Probleme, die mit Trauer, Trennung und Enttäuschung verbunden sind, einigermaßen bearbeitet wurden – von Lösung soll man nicht so leicht reden –, ist es anzustreben, solche Personen in Gruppen zu führen, in denen sie mit Menschen, die sich in anderen Situationen befinden, zusammensein können. Das kann auch eine Hilfe sein, über die eigenen Schwierigkeiten mit der Zeit leichter hinwegzukommen. Besonders wichtig erscheint es, daß sich im Gemeindeleben Aufgaben finden, durch die alleinerziehende Mütter mit ihren speziellen Fähigkeiten herausgefordert sind. Sie sollen das Gefühl erleben, von den anderen gebraucht zu werden und notwendig zu sein.
Es kann auch geschehen, daß Alleinerzieher den Wunsch

äußern, eine ständige Gruppe zu haben, weil sie ihre spezifischen gemeinsamen Probleme laufend miteinander durchdenken wollen, um einander im Erfahrungsaustausch Hilfe zu sein. Dann sollte eine kirchliche Gemeinde dafür die Grundlage bieten und auch alles vermitteln, was notwendig ist, damit so eine Gruppe zielgerichtet arbeiten kann. Dabei ist besonders daran zu denken, gelegentlich Pädagogen, Psychologen oder Therapeuten einzuladen. Wenn Seelsorger mit Gruppen von alleinerziehenden Müttern sprechen, ist darauf zu achten, daß es sich um solche handelt, die sich der Situation dieser Frauen unbefangen stellen können.

Wer viele lebendige Gemeinden kennt, weiß, welche unersetzliche Funktion alleinstehende Frauen haben, ohne die viele Aktivitäten der Kirche undenkbar wären. Deshalb sollte auch darauf geachtet werden, daß Vertreterinnen dieser Gruppe in den führenden Gremien sind. Das verhilft auch anderen, die sich mit ihnen identifizieren, zu einer Stärkung des Selbstbewußtseins; besonders notwendig ist dies bei geschiedenen Frauen, die nicht wieder geheiratet haben.

VI. Die Verkündigung über Ehe und Familie im Laufe des Kirchenjahres

Im folgenden soll noch durch einige kurze Skizzen die Möglichkeit angeboten werden, die Bereiche Ehe und Familie in der Liturgie zur Sprache zu bringen. Eine Gruppe in der Pfarrgemeinde, die sich dafür verantwortlich fühlt, soll langfristig planen können und auf Chancen, die sich durch die Liturgie ergeben, hinweisen.

Lesejahr A

Fest der Hl. Familie (Sonntag in der Weihnachtsoktav)
Thema: *Der Vater in der Familie*

Im Evangelium (Mt 2,13-15.19-23) wird Josef als ein Vater dargestellt, der auf Gottes Weisung hört und dann in eigener Verantwortung handelt.

1. Glaube, in dem Gott als Vater angesprochen wird, führt dazu, daß sich Väter in ihrer Väterlichkeit an Gott ausrichten (Verständnis, Barmherzigkeit, Treue).
2. Für das gesunde Heranwachsen eines Kindes sind Mutter und Vater wichtig, weil die Orientierung für das eigene Geschlecht und eine richtige Einstellung zum anderen Geschlecht notwendig sind. In Teilfamilien muß überlegt werden, wie die Vaterfunktion ersetzt wird.
3. Gott, der Vater, läßt uns Menschen Freiheit, auch wenn wir Irrwege gehen. Dieses Beispiel kann für einen irdischen Vater die härteste Prüfung sein.

Dritter Fastensonntag
Thema: *Geschiedene in unserer Gemeinschaft*

Im Evangelium (Joh 4,5–42) spricht Jesus mit einer Frau, die schon fünf Männer hatte und mit einem lebt, der nicht ihr Mann ist. Er begegnet ihr mit respektvoller Barmherzigkeit und gibt ihr eine apostolische Chance.

1. Gehen wir mit Geschiedenen, die wieder geheiratet haben, so um, daß sie sich in der Kirche zuhause fühlen können?
2. Dadurch wird der Einsatz für die Ehe als Dauerbindung nicht beeinträchtigt. So wie auch Jesus sein Wort: »Was Gott verbunden hat, soll der Mensch nicht trennen« bei der Begegnung mit der Samariterin nicht zurückgenommen hat.
3. Vielleicht können wir einer betroffenen Person das Gespräch mit dem Seelsorger vermitteln und so einem Menschen zum Osterfrieden verhelfen.

13. Sonntag im Jahreskreis
Thema: *Familienplanung*

In der ersten Lesung (2 Kön 4,8–10.14–16a) sagt der Prophet Elischa im Namen Gottes einem Ehepaar voraus, daß der Wunsch nach einem Kind erfüllt wird.

1. Es ist die Sicht des Glaubens, ein Kind als Geschenk Gottes zu betrachten, auch wenn wir genau wissen, welche Verantwortung die Eltern bei der Weitergabe des Lebens haben.
2. Unter Familienplanung wird meistens nur die Beschränkung der Kinderzahl verstanden; wichtig ist in erster Linie eine Atmosphäre der frohen Erwartung für die Kinder, die in gemeinsamer Verantwortung gezeugt werden.
3. Weil es nie sein wird, daß alle Neugeborenen Wunsch-

kinder sind, braucht die Gesellschaft eine Gesinnung der Kinderfreundlichkeit, damit jedes Kind angenommen wird.

17. Sonntag im Jahreskreis
Thema: *Den Glauben weitergeben*

1. Wollen Eltern tatsächlich ihren Glauben an die Kinder weitervermitteln, müssen sie selber die von Jesus eröffnete Beziehung zu Gott wie eine Perle oder einen Schatz ansehen (Evangelium: Mt 13,44–52).
2. Aus dem eigenen Vorrat Altes und Neues hervorholen, meint zwar auch das Erzählen von Glaubensinhalten und Heilsereignissen, vor allem aber ist das Beispiel des eigenen Lebens gefordert.
3. Eltern können noch so gut erziehen, sie haben nie eine Garantie, daß ihre Kinder gläubige Menschen sein werden. Wenn es geschieht, müssen sie Gott dankbar sein. Wenn die Kinder andere Wege gehen, sollen sie trotzdem die Hoffnung bewahren.

23. Sonntag im Jahreskreis
Thema: *In der Hauskirche als Christen leben*

1. Das Wort »Wo zwei oder drei in meinem Namen versammelt sind, bin ich mitten unter ihnen« (Evangelium: Mt 18,15–20) gilt auch für die Familie, wenn sie sich als kleinste Zelle der Kirche versteht.
2. So wie Jesus in der Gemeinde die Entstehung von Konflikten als Selbstverständlichkeit voraussetzt, muß auch in der Familie damit gerechnet werden, daß nicht alle Meinungsverschiedenheiten einfach zu lösen sind.
3. Die angegebenen Schritte der Konfliktregelung sind auf konkrete Situationen anzuwenden; wenn Konfliktpart-

ner dazu gemeinsam um eine Lösung beten können, dürfen sie in besonderer Weise auf Gottes Hilfe vertrauen.

28. Sonntag im Jahreskreis

Thema: *Ehe hat mit Gott zu tun*

Im Evangelium (Mt 22,1–14) wählt Jesus die Hochzeit als geeignetes Bild für den Himmel.

1. Die Zuhörer Jesu sollen durch dieses Bild einen Vorgeschmack der ewigen Seligkeit empfinden.
2. Daß die Ehe als Sakrament bezeichnet wird, heißt: Der Bund von Mann und Frau ist ein Zeichen für die Liebe Gottes, also für den Bund, den er durch Christus mit der Kirche geschlossen hat.
3. Eine Ehe von Christen ist nicht automatisch – wegen der kirchlichen Trauung – eine bessere Ehe. Sie kann aber dadurch besser werden, daß die Partner im Glauben eine starke Motivation für die Gestaltung ihres gemeinsamen Lebens erfahren, z.B. einander Freiheit lassen, ohne die Gemeinsamkeit zu gefährden.

Lesejahr B

Vierter Adventsonntag

Thema: *Über das werdende Leben unbefangen reden*

Im Evangelium (Lk 1,26–38) wird unbefangen über die Schwangerschaften Marias und Elisabets berichtet.

1. Gott, der Schöpfer, hat den Menschen berufen, bei der Weitergabe des Lebens entscheidend mitzuwirken. Alles, was mit den sexuellen Funktionen zusammenhängt, ist deshalb gut und wertvoll und für die Menschen wichtig.

2. Maria zeigt durch ihre Frage nach dem Mann, daß sie voll informiert ist. Diese Information gehört zum Menschen. Eltern, die an Gott als Schöpfer glauben, sprechen deshalb auch unbefangen und konkret mit ihren Kindern über alle Fragen der Geschlechtlichkeit.
3. Zu einer umfassenden Geschlechtserziehung gehört eine Atmosphäre der Liebe und Zärtlichkeit in der Familie.

Fest der Hl. Familie (Sonntag in der Weihnachtsoktav)
Thema: *Das 4. Gebot gilt den Erwachsenen*

In der ersten Lesung (Sir 3,2–6.12–14) wird klar, was das 4. Gebot des Dekalogs meint: Den Eltern ein menschenwürdiges Leben im Alter ermöglichen.

1. Es handelt sich um eine Regelung aus einer Zeit, die noch keine Sozialversicherung kannte.
2. Trotz gesicherter Renten und Pensionen ist das Problem der Altersversorgung nicht allgemein gelöst, weil die menschliche Beziehung immer nur von den Betroffenen gestaltet werden kann; den erwachsenen Söhnen und Töchtern obliegt dabei die Initiative.
3. Alte Eltern können eine gute Beziehung besonders dadurch fördern, daß sie die Selbständigkeit der Jüngeren respektieren.

Dreifaltigkeitssonntag
Thema: *Der Mensch – Ebenbild des Gottes, der die Liebe ist*

1. Die Lehre vom dreifaltigen Gott sagt uns in erster Linie, daß in Gott lebendige Kommunikation ist, ein Austausch von Liebe.
2. Wenn der Mensch nach Gottes Bild erschaffen ist, dann ist die Liebe das wichtigste Ziel für menschliche Reifung.

3. Die Ehe ist eine besondere Chance, Liebe konkret zu entwickeln; im vertrauten Gespräch; in einer erotischen Kultur; indem ein Partner die Last des anderen mitträgt und jede Freude mit ihm teilt.

10. Sonntag im Jahreskreis
Thema: *Freundschaften sind wichtig*

Im Evangelium (Mk 3,20–35) stellt Jesus die Frage: »Wer sind meine Mutter und meine Brüder?«.

1. Es gibt für jeden Menschen Familienbeziehungen, die nicht vernachlässigt werden dürfen; auch junge Partner, die heiraten, sollen wissen, daß es gut ist, die Angehörigen der jeweils anderen Familie zu akzeptieren.
2. Freunde kann man sich – im Unterschied zu Verwandten – aussuchen. Es ist aber besonders kostbar, wenn man sie in der eigenen Familie findet.
3. Freundeskreise, in denen Gott der Mittelpunkt ist (»Wer den Willen Gottes tut, der ist für mich Bruder, Schwester und Mutter«), können eine besonders wertvolle Stütze im Leben sein.

22. Sonntag im Jahreskreis
Thema: *Was sein Herz ist, das ist der Mensch*

Im Evangelium (Mk 7,1–8.14–15.21–23) knüpft Jesus an die jüdischen Reinheitsvorschriften an und lehrt eindringlich, daß für die Beurteilung des Menschen sein »Herz« entscheidend ist.

1. Die Kritik Jesu an veräußerlichten Riten: Gott will, daß ihn die Menschen mit dem Herzen ehren, nicht mit den Lippen.
2. Es gibt keine sittliche Unreinheit, die sich einfach materiell ergibt; das gilt allgemein gegen alle leibfeindlichen Tendenzen.

3. Aus dem Herzen kommt das Böse und das Gute. Gott sieht in das Innerste des Menschen und wird ihn auch nach seinem Gewissen beurteilen.

27. Sonntag im Jahreskreis
Thema: *Ehe kann gelingen*

Im Evangelium (Mk 10,2–16) fragen Pharisäer, welche Einstellung Jesus zur Scheidung hat. Er antwortet mit Zitaten aus der Schöpfungsgeschichte.

1. Die Antwort Jesu ist eine Ermutigung: Wenn Gott die Verbindung von Mann und Frau geplant hat, kann es auch gut gehen; es ist ja für den Menschen nicht gut, daß er allein sei (1. Lesung).
2. Gott schützt die Gefühle des Menschen: Wer in einem Partner Hoffnungen in einem derart wichtigen Lebensbereich weckt, darf damit nicht spielen.
3. Ob Ehen gelingen, hängt auch von der Umgebung ab. Eine christliche Gemeinde muß sich fragen, was sie dafür tut: Ehevorbereitung, Ehebegleitung, Familienfreundlichkeit.

Lesejahr C

Fest der Hl. Familie (Sonntag in der Weihnachtsoktav)
Thema: *Probleme mit Heranwachsenden*

Im Evangelium (Lk 2,41–52) wird berichtet, wie der pubertierende Jesus eigenmächtig eine Reisegesellschaft verläßt und von seinen Eltern tagelang gesucht werden muß.

1. Jeder Mensch muß sich zwischen Kindheit und Erwachsensein aus der Abhängigkeit von den Eltern lösen, um selbständig zu werden; das geht normalerweise nicht ohne Spannungen.

2. Eltern tun gut daran, von Anfang an miteinander darüber zu reden, daß ihre Kinder nicht ihr Eigentum sind und daß deshalb eine Erziehung zur Selbständigkeit wichtiger ist als bloßes Bravsein im Sinne von sich ruhig verhalten.
3. Die notwendige Ablösung der Kinder ist eine Herausforderung für die Eltern, ihre Partnerschaft zu pflegen, damit sie in der nachfamiliären Phase miteinander eine erfüllte Partnerschaft leben können.

4. Fastensonntag
Thema: *Einander annehmen und verzeihen*

Im Evangelium (Lk 15,1–3.11–32) zeichnet Jesus Gott als den barmherzigen Vater.

1. Wo Menschen miteinander leben, gibt es auch Versagen und Enttäuschung.
2. Ehe und Familie sind ein besonders wichtiger Bereich, in dem sich zeigt, ob ein anderer Mensch ohne Vorbehalte und Bedingungen angenommen wird. Das erweist sich im kleinen, aber besonders dort, wo es um beträchtliche Schuld und damit um die Herausforderung zum Verzeihen geht.
3. Gott in seiner Vergebungsbereitschaft nachzuahmen, gibt uns die Zuversicht, daß auch unsere Schuld vergeben wird. »Vergib uns unsere Schuld, wie auch wir vergeben unseren Schuldigern.«

2. Sonntag im Jahreskreis
Thema: *Gott ist mit den Eheleuten*

Im Evangelium (Joh 2,1–12) wird uns die Hochzeit zu Kana geschildert, bei der Jesus Gast war. Die Kirche hat diesen Bericht seit jeher symbolisch verstanden.

1. Gott macht sich in seinem Wirken von den Menschen abhängig. Wenn zwei Partner sich in Freiheit füreinander entscheiden, besiegelt Gott diesen Bund.
2. Ehepartner, die an Gottes Nähe glauben, dürfen auch auf seine Hilfe besonders in schwierigen Situationen vertrauen.
3. Gottes Gnade will immer weiterwirken. Deshalb sollen christliche Eheleute von ihrem Reichtum auch etwas weitergeben an andere. (Möglichkeiten dazu in der Pfarrgemeinde)

12. Sonntag im Jahreskreis
Thema: *Partnerschaftlichkeit*

Im Galaterbrief (Gal 3,26–29) sagt Paulus, daß der Glaube jene Unterschiede zwischen den Menschen überwindet, die bedeuten, daß sich einer über den anderen stellt: die Juden wegen des Eingottglaubens über die Griechen; die Herren wegen Besitzes über die Knechte; die Männer wegen ihres Geschlechts über die Frauen.

1. Mann und Frau sind verschiedenartig. Sie haben aber die gleiche Würde und den gleichen Wert. Deshalb gibt es von Gott her keine natürliche Über- und Unterordnung von Mann und Frau.
2. Gleichwertige Partnerschaft ist deshalb oft so schwer zu leben, weil in der Erziehung andere Zielvorstellungen vermittelt wurden.
3. Partnerschaftlichkeit ist nicht nur eine christliche Art des Zusammenlebens von Mann und Frau, sie eröffnet auch reichere Möglichkeiten für die Gestaltung der Ehe: Im Gespräch kann jene Form der gegenseitigen Ergänzung gefunden werden, die zwei Personen optimal entspricht.

24. Sonntag im Jahreskreis
Thema: *Zeit für ein Schaf*

Im Evangelium (Lk 15,1–32) reagiert Jesus auf die Empörung von Pharisäern und Schriftgelehrten mit dem bekannten Gleichnis von dem einen verlorenen Schaf, das gesucht wird, während die 99 zurückgelassen werden.

1. Nicht nur der einzelne Christ, auch die Kirche muß immer wieder Maß nehmen am Beispiel Jesu. Haben jene Menschen, deren Leben nicht nach den Idealvorstellungen geordnet ist, bei uns die gleiche Wichtigkeit wie bei Jesus?
2. Im Bereich Ehe und Familie werden Abweichungen von der Idealnorm in der Kirche besonders kritisch beobachtet: Partner, die ohne Ehe zusammenleben, Geschiedene, die wieder geheiratet haben, ledige Mütter, Teilfamilien.
3. Eine Pastoral, die den Menschen aus den genannten Gruppen das Gefühl gibt, in der kirchlichen Gemeinschaft voll beheimatet zu sein, wozu auch gehört, daß ihre Talente gefragt sind, verlangt viel Zeit. Das Gleichnis rechtfertigt den Aufwand.

32. Sonntag im Jahreskreis
Thema: *Ein Blick ins Jenseits*

Im Evangelium (Lk 20,27–38) antwortet Jesus auf eine zynische Herausforderung durch einige Sadduzäer mit einer klaren Aussage, was im Jenseits nicht zu erwarten ist.

1. Der Sinn der Leviratsehe bei den Juden im Hinblick auf das messianische Heil.
2. Die Aussage Jesu, daß es bei der Auferstehung kein Heiraten gibt, bedeutet keine Abwertung der Ehe. Wenn die Grenzen des irdischen Lebens wegfallen, ist die Vollendung der Liebe möglich.

3. In einer guten Ehe, die als Glück empfunden wird, kann eine Vorahnung dessen erlebt werden, was Gott denen bereitet hat, die ihn lieben. Die Wirklichkeit allerdings wird jede Vorstellung unendlich übersteigen.